大展好書　好書大展
品嘗好書　冠群可期

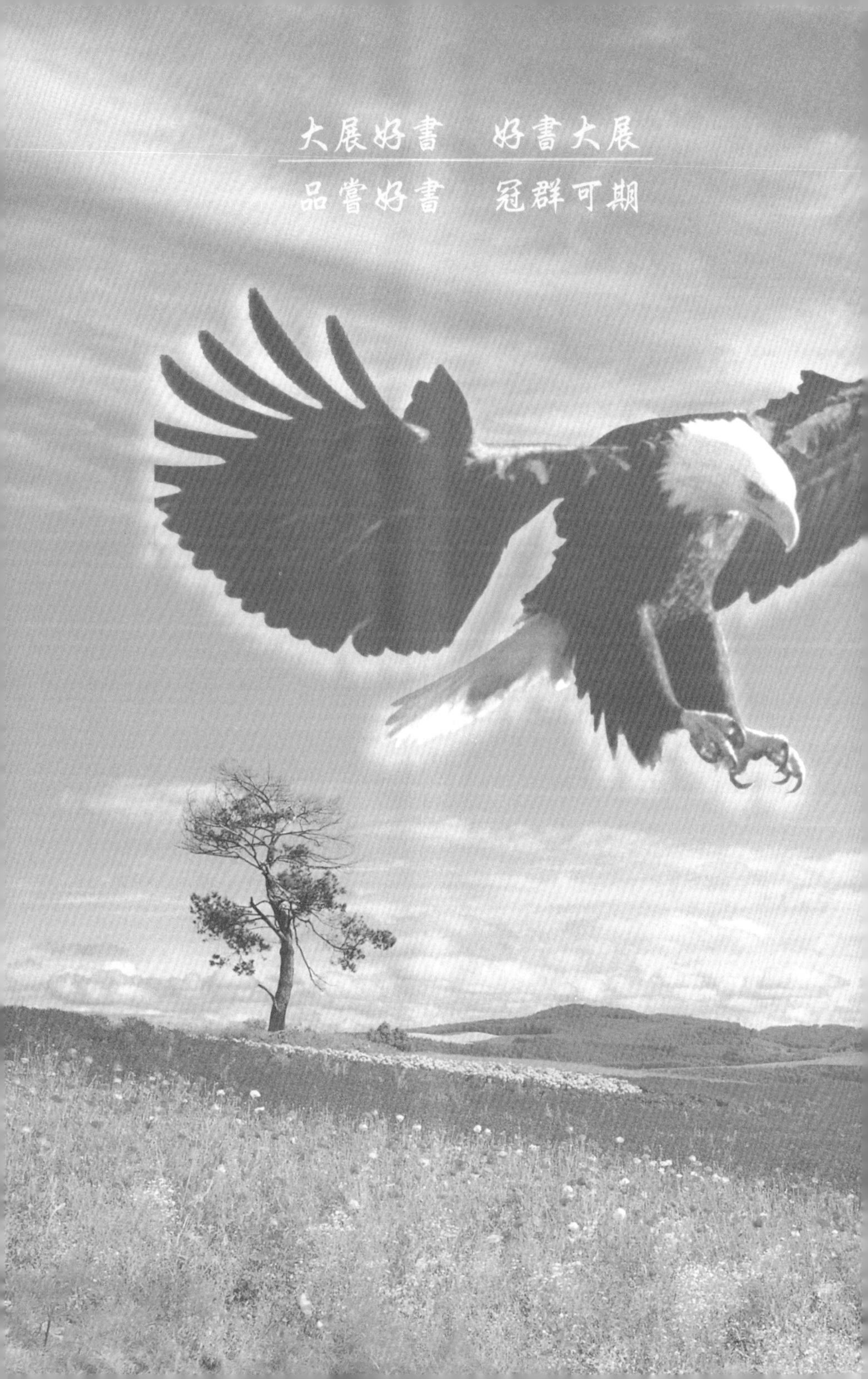
大展好書　好書大展
品嘗好書　冠群可期

養生保健 37

太極內功養生法

祝大彤 編著

大展出版社有限公司

作者簡介

祝大彤

一九三二年生於北京，太極文化學者，中國作家協會會員，中國武術協會會員。

研習傳統太極拳四十餘年，有《太極解秘十三篇》《太極內功解秘》《自然太極拳八十一式》等太極拳理論及技術專著問世。

多年來，在北京及國內各大中小城市的教學活動中，一直注意搜集整理民間的保健、養生小功法，今編成小冊子，介紹給朋友們試練。

前　言

現今人們都關注身體健康，保健、祛病、延壽是我們鍾愛生命的頭等大事。不是都在說「健康是財富」嗎？雖有錢卻沒有健康，不會感到幸福，而擁有強健的體魄，人就像一座青山。

保健養生的項目繁多，諸如各種球類運動、跑步、爬樓梯、爬山、游泳、騎車、滑冰、輪滑、打拳、體操、健美操、交誼舞、街頭舞、跳繩、散步等等，就連伸懶腰也是很好的保健養生活動。動則受益，練得健康；堅持健身，自然提高生命品質。有人又問，工作忙，經常乘飛機、火車出差，還有人一天都在汽車上度時光，沒有時間，沒人指導，或者慢性病康復期，行動不便等等，不具備自我鍛鍊條件怎麼辦，參加什麼項目？建議您打太極拳，太極拳可慢可快，可高可低，是有氧休閒運動項目；或實踐太極內外雙修意念養生（以下稱太極意念養生）。

太極養生，我們稱爲「太極意念養生」。武派太極拳家李亦畬宗師論太極內功，說：「向不丟不頂中討消息。此全是用意，不是用勁。」千百年來太極拳代代修練者在實踐中認識到，太極拳不是以力可以完成的拳藝。在修練過程中不是力行，因爲力行易致胸腹憋悶，四肢不暢，精神不爽。意行又離不開氣，先賢有「以心行意，以意導體，以氣運身」的體驗，意到氣到，健康自來，周身內外舒爽，才有新的感受。

「太極意念養生」是多年來代代太極拳修練者總結出的保健養生妙法。在楊式太極拳老譜中，有「天地爲一大太極，人身爲一小太極」之說，太極拳有它獨具一格的特點。《黃帝內經．陰陽應象大論篇第五》曰：「陰陽者，天地之道也。萬物之綱紀，變化之父母，生殺之本始，神明之府也。」王宗岳在《太極拳論》中言道：「太極者，無極而生，陰陽之母，動靜之機也。陰不離陽，陽不離陰，陰陽相濟。」天地陰陽大宇宙，人體是小太極。小太極時時刻刻與天地大自然息息相關，同步提掣則安康運蘊無災無病。如果妄加逆蘊負重，則生禍病患難。意行陰陽養生，周身虛靈，天人合一，陰陽平衡，融入大自然，自然能提高生命品質。

目　錄

太極養生論

從陰陽則生，逆之則死。

——《黃帝內經・四季調神大論篇第二》

太極者，無極而生，陰陽之母，動靜之機也。

——王宗岳《太極拳論》

㈠初識養生

「養生」是被億萬人關注的事關切身利益的大熱門、大焦點，是說不完道不盡的永恆話題。養生，不僅關係到每一個人的生存品質，也關係到國家的繁榮，民族的興旺。全民健身運動的意義重大，其關鍵也在於此。太極拳運動被越來越多的人所重視，太極拳養生已吸引了更多人的注意力。

「太極拳好」這一題詞，是當代偉人鄧小平送給人類健康的厚重的精神禮物。而在二十年後的天安門萬人太極拳表演，是具有重要社會意義和歷史意義的大事。這一紀念活動使我們看到太極拳運動以及太極拳養生更具迷人的魅力。

在探討太極養生之前，先要研究一個既深奧又淺顯的與人的生存品質密切相關的問題：人，為什麼生病？

㈡人，爲什麼生病

「人，為什麼生病？」初聽此問，人們也許要笑出聲來，這麼淺的問題，連小學生都知道，人生病的原因很多，諸如外來的食品不衛生、病從口入、病菌、病毒的感染。高科技發展，伴之怪病叢生的不解之謎，麻木了，將是不去解之謎。

大氣污染、噪音、氣候變暖，重金屬垃圾被雨水沖刷後再入農田，人吃了被污染的糧食而患病。因果，周而復始何日能結？

人類是極為愛惜寶貴的生命的。運動養生便是人們渴望得到的，自己是把握自己生命運動的主宰。人，為什麼生病，這個簡單而又複雜的難題，常常擺在每一個人的面前，令人不得不正視，但也沒法探究個明白。

在《黃帝內經》中，述說了人之有病，是以酒為樂，以妄為常……逆於生樂，起居無常，故而半百而衰也。

當今社會遠離那個時代，而今高樓林立，鋼筋水泥殼、鋼鐵殼子包圍著我們。現代人生活異彩紛呈，多彩多姿。搓麻、洋酒、桑拿、麗人伴以歌舞，生態環境惡化，從四面八方襲來，防不勝防，躲不勝躲。

人，為什麼生病，難道都歸結為外因嗎？內因也不可忽視。中醫藥學家孫繼光先生認為，人生病患，如魔如影相隨，是因為人迷戀幻體將其當真而不悟，犯了「五字」之戒，即貪、嗔、遲、慢、疑。

例如「貪」字，貪態種種，有貪吃、貪睡、貪玩、貪欲、貪財、貪利、貪名、貪涼、貪熱、貪鹹、貪酸、貪辣、貪苦、貪殺等等。由於貪，過重地讓身體某一部位的器官、臟腑承受壓力，壓久則邪偏生害，有失我們體態營衛氣血運行，生出病來。

至於講嗔（瞋），是個偈語，口邊嗔，是怪、怨、恨、怒，不滿動氣而出聲的意思。目字邊瞋，又有怒目動情至極難言之解；過分地睜大眼睛，形怒於色，動心動情，或者強壓怒火，臉上控制住了未暴露出來，但人的眼睛是心靈之窗，是掩蓋不住的。按古今中醫論解人的眼目，也是一把解開臟腑病患來去的鑰匙。人之目肝之竅也，不當之瞋（嗔），不僅病傷了肝，也病傷了膽。有病不得遲慢診治，要善待最為寶貴的生命。躲病不可取，對待疾病，要相信現代醫學，懷疑是沒有根據的，也勿疑神疑鬼，心無主見，如見鬼魅。疑醫疑藥，不打針不吃藥，更為荒唐。

內因對疾病有暗示發作和好轉的作用，性命雙修，靜心看待一切事物，靜以修身、心平氣和、笑口常開也能起到祛病、健身、強體、延壽的保健養生、阻生病之渠道的作用。當然，求保健養生之妙法，太極拳運動是最好的選擇。

㈢運動與養生

運動養生是人的本能，更是人的追求。運動項目很多，包羅萬象。跟拳家、運動家練的一般不同，專家練的是有板有眼、有書有文的項目，而常人練的人人如此。

伸懶腰是大眾練身提神速食，其實人降生落地從幾個月便會此功，時時伸懶腰，是一種人人都練、常練不衰、到老不停的一個項目，而且人人練人人靈。

伸伸懶腰伸筋拔骨順氣提神，疲勞一瞬即逝，立竿見影，時時伸懶腰，一輩子不練別的也未嘗不可。

隨便甩臂，搖頭擺尾，前仰後合，頭部左右轉動，蹬足轉腰等自由活動，也無章法，毋須請大師指點，也是一種鍛鍊，此外摩、跳、拍、打，淋個日浴、水浴、酒浴、酸浴以及歡樂開心找愉悅，也是一種養生。

自由練家並不知，隨便活動活動如何便獲得健康呢？其實這種隨便活動是以心情愉快、思想無負擔、不僵滯起始。動者在不知不覺中，動起於經絡，腳下三陰三陽經絡在外動中達到通暢作用。頭部轉動轉腰拍打，有護心暢水養腎之功用，搖頭擺尾，前仰後合，能健身養容，養腎則有利心肝。做深呼吸吹氣，可收化虛還神存精健腦之功。自由、隨意運動是不是有如此之神，因人而宜有小異，不能達到完美健身，而動便受益，練可健身，生命在於科學性運動，則是一成不變之理。

若想全身心得到健康，還應該選擇一兩項體育活動為佳。在選擇運動項目之前，對自身健康狀況、家族病史、自身隱疾要有所瞭解，以選擇適合自己身體情況的運動為好。像散步、跑步、跳繩、健美操、體操、乒乓球、排球、籃球、足球、槌球、滑冰、滑輪、游泳、騎車、打拳等項運動，選其中之一進行鍛鍊，有時間有興趣可以深究其功，作進一步追求。

對於一切運動健身項目要持科學的態度，適度而動，可求但不可強求。俗話說：「打死練武的。」死在拳臺的人哪年都有。二十世紀五〇年代軍運會，拳擊臺上打死拳擊手，我國拳擊運動停頓了三十年後才恢復。

世界著名的長跑家弗里克斯，著有《長跑大全》成為暢銷書，他戒煙、戒酒、減肥跑步，轟動世界，引來眾多男女參加長跑活動，可惜，他只看到跑步的有益一面，而忽略自身的健康狀況和內臟的隱疾。他在跑步中呼吸困難、噁心、胸憋悶疼痛，延誤尋醫求藥，死在長跑路上，甚為可惜。

㈣強身必須運動

沒有一個成年人不想有一個強健的身體，壯健的體魄，寬厚的胸部，有力的大手，粗壯的大腿，剛勁的步伐，發達的大腦。但事與願違，主客觀不相符，有人虛弱多病，四肢無力，健康情況不佳。

我手中有幾個從《北京晚報》上摘錄的有關科技人員的體質資料，他們的健康令人堪憂。中科院對科研人員體質情況調查，調查結果表明，北京地區科研單位成年人體質達到合格級以上者為百分之八十六，但近六年間死亡二百七十四人，平均年齡五三・八三歲，離一九九〇年北京市人均壽命七十三歲，相差近二十歲。

中科院工會和體協提供的北京地區成年人最近一次體質測驗結果，北京地區職工體質優良率為百分之五十一，與二〇〇〇年的目標百分之六十尚有差距，突出的問題是男女十六個年齡段的肺活量全部下降，反映鍛鍊不夠。經常參加體育活動的職工不足百分之五十，從來不參加體育活動的人數占百分之三五・三二。

據對此調查的分析，工作壓力大，心理負擔重，環境污染，體育鍛鍊不夠等因素，仍是英年早逝的主要原因。文化教育界人的體質也令人擔憂，著名作家劉紹棠六十歲左右去世，著名的音樂家施光南英年早逝令人痛惜，還有癱瘓、半癱瘓者，其因是缺少鍛鍊，在身體健康的道路上，不該發生的事情發生了。

據載，深圳科學技術界人士因工作負擔重，精神壓力大，深圳成為精神病高發區，調查顯示，全市精神病患者高達千分之一五・七六，三百六十萬人口中約有五萬餘人患有各種類型的精神疾病。香港則發生多起壯漢猝死的報導。

北京報載，老年癡呆症威脅北京老人。老年癡呆是英國人帕金森於一八一七年發現的中老年神經系統運動功能的慢性疾病，主要症狀為靜止性震顫及動作和思維遲緩，腳步拖拉，這種病被命名為帕金森綜合症。此病威脅著老年人的健康，在北京已達到百分之六，還有增長的趨勢。

患此病者原因很多，其中過去幾十年身體鍛鍊不夠，使大腦深部名為基底結的一小團神經細胞受該病影響而退化，引起腦疾病是原因之一。這種病給本人及其家屬帶來無盡的麻煩和痛苦。看來運動保健、養生是當務之急。

在運動面前人人平等，不管你是哪一個階層的人士，都應該參與運動，像小孩子那樣，跑、蹦、跳、玩刀弄棍、前仰後合、轉動頭部、拍打全身、玩球、玩啞鈴等等。運動像吃飯、睡覺、呼吸一樣重要，每天不可缺少。有時看人物專訪文章，某位科學家拿幾個饅頭鑽進實驗室幾天不出來……多了，各行各業的敬業者，各種工作崗位上的責任者，都是如此，其實質是破壞國家的棟樑之才，戕害身體。不禁要問，誰給了他們這個權利？

運動、鍛鍊身體太重要了，對一個民族太重要了，對一個國家太重要了。我們無權對生命不負責任，無權對一個民族的體質不負責任。早在二十世紀五〇年代，毛澤東就號召「增強人民體質」，怎麼在五十年後卻體質下降，越來越弱呢？

報載，英國遺傳學家亞當・艾斯沃克和愛丁堡大學遺傳學家彼得・凱得利兩位科學家，研究分析了人類遺傳進化史之後，將他們的研究成果公佈於眾，他們得出結論，人類靠自然選擇和適應生存的過程淘汰有害基因，人類才沒有滅亡。當今，隨著現代生活的發展，醫療改進，人類的健康水準提高，自然選擇的壓力減輕，人類攜帶有害突變基因，也可以生存繁衍後代，有害基因可以積累，這就有可能使人類的體質日益虛弱，容易生病。體質虛弱容易遭受疾病的侵襲，直接威脅著人類的生存品質，對一個民族一個國家潛在的兇險是相當可怕的。可以說，參加體育鍛鍊、提高體質不是個人的私事，而是關係著全民族健康水準的提高，是國家興亡的大事。

我們必須將參加體育活動和提高全民族身體素質聯繫在一起，希望所有的人能取得共識，欲強身健體就儘快參加體育活動吧。

㈤太極與養生

養生，是個大題目；太極與養生，更是個極難破解的天題。因為養生的含量深廣，從上到下天地大自然，一年四季，春、夏、秋、冬，起居飲食，外形軀體四肢，天部的頭，內為六臟六腑。還有延年術、延壽術、壽命鐘、生物鐘、養氣、養神、腦養生、腦開發、睡眠養生、按摩、免疫養生等等。內容豐富而龐雜，從古代至今，要論述清楚，非幾十萬字厚重的一本書不行，這又不是本書之任務，在此僅就太極拳養生簡述而已。

所謂太極拳養生，是在太極拳修練過程中應注意的事項，達到健體、祛病、長壽之目的；透過習練太極拳，正確對待人生，提升人的文化品位和道德修養，儘量避免七情六慾之干擾，少病，不患病；心理健康、身體健康，每天精力充沛，行動敏捷，思維不亂，遇事不慌，有極強的應變能力，最終達到延年益壽，不給家庭、社會帶來麻煩。簡潔說，多為社會做些有益的事，少生病。

當然，首先要參加一項適合自己的運動項目，筆者認為最佳的選擇是習練太極拳。原因有二：

一是太極拳文化底蘊深厚，拳理源於《易》之變化、老子的「有生於無」之道以及《黃帝內經》的「恬淡虛無」之本源。太極拳為高品位的以陰陽為母、內外雙修、延年益壽為宗旨的拳術；二是當代偉人毛澤東提倡增強人民體質打太極拳；敬愛的鄧小平題詞「太極拳好」。兩位偉人都是在偽科學混雜於科學之間，撥開迷障，為提高全民族體質，行健康於大道，指明了一條通途。

科學的太極拳鍛鍊具有健體強身、祛病延壽之功能毋庸置疑。常練常新，每練一次便有一些新的體會，在行雲流水的行功習練中，是審美的、文化的、藝術的體驗。在習練的愉悅中體驗生命，以把握自己的生命運動。但是，太極拳養生應視為預防科學，而不是醫院。有病患應去醫院治療，遵醫囑診治。

㈥陰陽平衡

中醫師為病人開中草藥方時，以多味藥求藥性平衡。人的健康有賴體內陰陽平衡少生疾病，這是相同的蘊理。而人的生存常常受七情六慾支配，「七情」即喜、怒、憂、思、悲、恐、驚。

中醫家解為：喜傷肺。大喜狂笑致使氣機渙散，會引發疾病。古今中外，在不同場合，因發明獲獎、狀元及第、報喜祝賀到來而受獎者已癱倒在地氣絕的例子時有耳聞。喜極肺勞沒有不出危險的。怒傷肝。怒則氣上，氣為百病之源，怒極肝勞。怒氣上吐血死於非命，怒傷肝波及雙眼，要息怒養目。憂傷心。憂愁、憂慮、憂煩、憂悶、憂傷、憂鬱導致憂堵氣截四肢麻木不思飲食，時有出長氣之象。內心煩亂，什麼也不願幹，胸口截堵難忍。思傷脾。思極脾勞。思之過度則氣結，臟腑衛營陰滯，氣血不暢，大大影響健康。悲傷胃。悲極胃勞。悲者不思飲食，即使胃空鳴叫，也不進食，悲痛欲絕則氣血兩虧。恐傷腎。腎為人生存的精神支柱，腎壯人健康，腎與肝膽、心臟關係密切。恐傷腎，膽肝俱傷，「心為肝之子，腎為肝之母」，養生益壽首愛腎。驚傷膽。膽具有製造膽汁的功能，膽汁含有膽酸，對脂肪的消化是大幫手，要節驚保膽。

六慾，對於人類來講躲是難以躲開的，「六慾」即耳、鼻、口、眼、身、心。此六慾可以給人類帶來幸福和歡樂，更多的是給人們製造不幸。

中醫藥學家孫繼光先生認為，唐朝藥王孫思邈辨證分析，每一種傷極勞損，都引發或潛伏於人體的四百種以上的疾病，人被疾病困擾，可說是危機四伏。各界人士如果有興趣涉獵百家，可去通覽《藥王全書》，對認識病源、病理，增強防病意識會有大益，對於把握生命運動養生、長壽也會受益匪淺。

習練太極拳修身養性是保健養生的最佳運動選擇。太極拳講究陰陽變化，動之則陰陽變轉，使精神世界，身體臟腑營衛順暢氣血，通經絡順氣道，平衡陰陽勝於通宣理肺之良藥。太極拳為高品位的鬆柔動態運行藝術，習練太極拳是以鬆、柔、圓、緩、匀進行肢體騰虛運動。

太極拳拳法由陰陽動作組成，如一個拳勢，以「單鞭」為例為兩個動作，由立掌變鉤和左掌拉單鞭組成。掌變鉤為陰，拉單鞭為陽，一陰一陽組織一個勢，一套拳若干勢均如此。楊禹廷八十三式太極拳有三百二十六個動作，即一百六十三個陰動，一百六十三個陽動。陰陽變化外動內養，內靜外動，動靜相兼，陰陽平衡，習練中求陰陽變化，陰陽變化中舒理臟腑，人體內外平衡，何病有之？

人體陰陽變化，內靜外養，內動外靜，實為保健養生、健體、強身、祛病、延壽之大道。

㈦動靜相兼

太極拳之特性，行功盤拳動之則分，陰陽、鬆柔、動靜、虛實、開合，一動無有不動，一靜無有不靜。太極拳的動作沒有直來直去的，來去走弧線，以鬆柔為魂，陰陽為母，動靜相兼內外雙修。

有人提出「百練不如一站」，言下之意，提倡站樁。站樁也是練功、養生的手段，但站樁沒有明師在側指導，易於出偏或稱走火入魔，精神病院多見此類病患者。其實古代佛、道兩家並沒有氣功，也沒有氣功的記載，只有坐禪、導引、吐納。據說，高僧、道長也不准初入佛門、道家者坐禪、練吐納術，以免出現危險。

記得二十世紀七〇年代一位年輕練家到紫竹院吳圖南大師的拳場討教。吳老拳師見他小腹硬硬的像扣上一口鍋，直言不諱地問他：「你不想活啦？」

年輕練家坦誠說自己站樁所致。自古無氣功，有天、地、人、合、音、律、風、星、野等九功，後來將「風」功說成氣功，近一二十年便約定俗成，「氣功」一詞遍及全國。一些不善醫理者，且文化基礎差，但有膽，敢矇騙渴求健康者，做起了「氣功課」，「帶功報告」。前些年「氣功」造就出幾位大師來，居然有人頂禮膜拜相信那套鬼把戲。

太極拳的動靜相兼是科學的。動與靜在世界科學研究領域中也是一個十分重要的課題。

幾百年前從洋人那裏傳過來一個奇妙的係數為〇・六一八。古希臘哲學家兼美學家柏拉圖，從美學角度把〇・六一八：一稱為美的比例、黃金比或黃金分割律。據報載，現代醫學研究證明，醫學與〇・六一八有緊密聯繫。〇・六一八黃金分割律在保健養生中起著重要的作用，在人體結構上，頭頂至命門，再到腳底之比，臀寬與軀幹長度之比，下肢長與全身長之比，均接近於〇・六一八。動與靜是一個〇・六一八的比例關係，四分動六分靜，才是最佳的養生之法。醫養生學家關注群眾的食補養生，吃飯六成飽者不會患胃病，且可長壽。以六分粗糧、四分細糧搭配食用，不易患高血壓、冠心病等都市病，這正是飲食中的〇・六一八。

太極拳從誕世至今，隨著人類文明史的發展，其拳理拳法趨於完善；隨著人類進步和發展，太極拳陰陽變化、動靜相兼的機理不斷完美，在人類保健養生中體驗外動內養，內動外靜以改變人體結構，有利於健康。

此文說的主要方面是養生，一切應以養生為關要。我們習練太極拳的目的是健體、養生，要在拳中體驗健體之快樂，從拳中去體驗高品位的、文化的、藝術的審美。在動中體驗靜，靜中體驗動，「靜中觸動動猶靜」，動靜相兼。

如在盤拳習練中，心要靜，佛家禪語指清靜到極點。能達到內心清靜，便能做到內安舒，外形中正。拳論要求「先在心，後在身」，「心為主帥」，求「心靜」，

「心不靜則意不專」，「內固精神，外示安舒」，精神提起來練拳一舉一動，起、落、進、退、屈、伸、俯、仰等動作自然輕靈。

練拳宜神領意隨，用意不用力，以心行意，以意導體，以體導氣，以氣運身，也就是氣遍周身不稍滯，達到行功練拳養生之目的。

不管你練的是養生拳還是功夫拳，均應中正安舒，用意不用力。開始習練，動作機械，身軀手腳全是力，心裏越想著不用力別使勁，身上越僵手上更用力。如此談何動靜相兼？這是過程，練一段時間，明白拳理，循規蹈矩，手上身上的力慢慢退去，便能體會到內靜外動，外靜內養，促進人體結構悄悄在變化之中。日久一套拳練熟了，運用虛實變化，腳不踩地有輕靈離虛之感，手上空靈，便從拳中體驗到臟腑各部位的變化，從而在動靜中牢牢把握生命運動。

㈧健腦益智

太極拳養生，說到底是心腦健康，臟腑通暢，陰陽平衡，動靜相兼養生。當代以習練太極拳強身、健腦、益智為時尚和追求的目的。世界未來學家預言，二十一世紀，是中國人的世紀。

全世界的醫學研究人員尋找過許多良方，經過無數次的失敗和反覆研究，最後得出結論：二十一世紀是中國太極拳世紀。於是掀起一股太極拳熱，世界各地的拳友到中國尋太極拳的根，學練中國正宗太極拳，也將老師請出去教授太極拳。凡有人群的地方，就有人練太極拳，而練太極拳，不需要翻譯，跟著老師學練，不管你是什麼語系的國家，練拳就可以明白練拳之法，太極拳沒有國界。

無論中國人還是外國人，凡練太極拳者皆為同道。由於民族不同，風俗習慣不一樣，語言、生活經歷有差別，文化背景不同，思維方式、價值觀念有差異，對太極拳的認識和理解相差甚遠，但練太極拳可以健體長壽，認識是一致的。

我認識一位德國人，他到中國各地看，他尋找的是鬆柔太極拳，他對太極拳特性的理解很準確。為了防止老年人跌跤，美國白宮老年人會議，號召老年人學練太極拳以防止跌跤。經過四五年的推廣卓有成效。美國航太機構，將太極拳列為宇航員失重訓練的必修課程。

報載，在澳洲首都坎培拉的國家軍事學院，決定在未來軍官的訓練課程中，引進中國太極拳。每天清晨六點三十分，數百名身穿作戰訓練服的年輕士兵整齊地打太極拳，場面十分壯觀。該軍事學院的院長稱，太極拳是思想者運動，練太極拳是為了幫助受軍訓的准軍官成為有適應能力的多面手。傳說，某北歐國家，將每月的第二個週日定為太極拳日，以作為全民健體強身運動日。

據一位太極拳教練介紹，一位西方國家的太極拳愛好者，為了糾正腳的方向方位，購得往返機票來到中國找這位教練，當問清楚腳的確切方向後，就匆匆返回國內。一衣帶水的日本，是開展太極拳運動十分普遍的國家，修練者已到癡迷的程度。鄧小平題詞「太極拳好」，就是應日本太極拳愛好者的請求而寫的。

全世界人民喜愛太極拳，接受太極拳，習練太極拳，除了其美學價值，優美流暢的動作和那詩一般富有哲理的拳理及其保健養生的良好效果外，跟國人一樣，這些洋人也將太極拳視為不死之藥，可見在洋人眼裏太極拳的養生價值。

當今人們生活在高科技高資訊的時代，沒有健康的身體、強健的體魄和充滿活力的大腦，很難適應一切都快捷的要求。現在工作在尖端、前沿科學技術、文化教育、醫療衛生崗位上的人大多數處於亞健康狀態之中。

在「白領」階層出現了腦疲勞，表現為頭昏腦漲，記憶力減退，注意力分散，反應遲鈍，說話不是口出連珠，而是要停下來想一想，即使一瞬間的遲鈍也表明心智活動受抑。在人們普遍腦疲勞的現象發生後，在「白領」群中，凡積極參加體育鍛鍊的人並未出現身體狀況不佳，腦疲勞的現象沒有反映出來。

而練太極拳者，他們的身上沒有以上的亞健康症狀，而大腦並沒有疲勞反應，反而更為敏捷，頭腦更為清爽，對於科研、文化教育前沿的繁重工作越幹越表現出驚人的出色。以此，我們可以得出一個令人興奮的結論：太極拳是有氧運動，盤拳在鬆、柔、圓、緩、勻的運行中，似行雲流水，周身各個器官、特別是大腦得到氧的充分供應，對健腦、益智有特別的效應。

前中國武術院院長徐才先生對太極拳健腦益智的功用有獨到見解。他認為，久練太極拳益智是一大功效。習練太極拳可以促進中樞神經系統及其主要部位大腦皮層的興奮，並使興奮與抑制更加集中，從而改善神經系統的均衡性。習練太極拳用意不用力，以意領先，首先需要開動腦筋，以聯想和再現的方法在頭腦中形成一套技術動作。這一連串的大腦思維活動本身就是一個接受和記憶的過程。太極拳鍛鍊能增加大腦神經內核糖核酸的含量，含量越多蛋白質合成越快，這也就意味著接受和記憶功能的增強。這種大腦思維的過程，也就是智力開發的過程。

我們今天的健腦、益智活動在公眾中提出的口號並不響亮，與發達國家還有差距。世界衛生組織發表聲明，提出「讓人人享有健康」的口號，美國國會通過公共法，提出下一個十年為「腦的十年」，日本則在健腦日程上宣佈「強腦科學計畫」，西方一些發達國家也在著手進行這一偉大的全民健腦工程。

在健腦、益智方面，日本著名的醫學博士春山茂雄做出有益的貢獻，他在腦健康的研究上很有作為，提出一個響亮而令人震驚的口號，稱：「腦內革命。」

他提出重新認識、開發、利用大腦右腦儲存的資訊，這些資訊是左腦的十萬倍。他提到利導思維，所謂利導思維，就是開朗樂觀、豁達寬容、愉快、舒適、心情舒暢，笑看世界，身心放鬆，使大腦活躍興奮，從而保持身心健康。如果人們能持樂觀的態度，每天歡樂愉悅，心情舒暢，進行利導思維，大腦能分泌出一種類似嗎啡的物質，稱為腦內嗎啡。

人的養生長壽是多因素綜合的整體工程，而頭部的健康是養生的首要。

太極拳是最佳的保健、養生選擇，修練太極拳便能祛除心腦雜念，使身心鬆淨、舒展，獲得健體、強身、祛病、健腦、強腦、開發潛能的整體健康！

(九) 清靜養性

我們的先祖談養生，以養性為本，認為以道德養心，不生邪惡，守住真氣，神氣自然持滿。勸人立身中正，揚善抑惡，多行善舉，行善事積德，以解百病。

先祖勸誡後人行善養生延壽少生病患是有道理的。人行善事，心情平和，沒有貪慾，平淡人生，呼吸順暢而和緩，臟腑即得到修養營衛。人行不義，呼吸必然短促，心情緊張，坐臥不寧，定然傷內。這種勞損任何名醫金藥也難以醫治。古人明示：「人能寬泰自居，恬淡自守，則神形安靜百病不生。」

精神是以物質作保證，人的衣、食、住、行要注意冬暖夏涼，葷素、綠色食品的紅（紅豆、番茄），黃（豆製品），綠（無農藥蔬菜），黑（黑豆、黑米、黑木耳等），白（糧）調劑搭配。藥膳有禁忌，這是飲食常識，要學一點飲食科普知識，不要到一般飯館食藥膳，因為他們可能缺乏中草藥常識。應瞭解藥膳禁反之食，如豬肉反烏梅、黃連、百合等藥；羊肉反半夏、丹砂等藥；鯉魚反朱砂；蔥反常山、何首烏、蜂蜜等等。不是中醫藥專家開具的藥膳調方不可誤食。而食品間也有大反大忌，如豬肉反鯽魚、黃豆等；鱔魚反狗肉；龜肉忌莧菜、果、酒；羊肉忌醋等等。

奉勸濫吃補藥者，請您向周圍的朋友打聽飲食補的俗語：「藥補不如食補。」此意無須筆者贅言。關於食補常識在報刊中唾手可得。

附：唐・藥王孫思邈三養歌

孫眞人衛生歌

天地之間爲人貴，頭像天兮足像地。
父母遺體宜寶之，箕裘五福壽爲最。
衛生切要知三戒，大怒大慾並大醉。
三者若還有一焉，須防損失眞元氣。
欲求長生無戒性，火不出兮神自定。
木還去火不成灰，人能戒性還延命。
貪慾無窮慫卻精，用心不已失元神。

勞形散盡中和氣，更仗何能保此身。
心若大費費則竭，形若大勞勞則怯。
神若大傷傷則虛，氣若大損損則絕。
世人欲識衛生道，喜樂有常嗔怒少。
心誠意正思慮除，順理修身去煩惱。
春噓明目夏呵心，秋呬冬吹肺腎寧。
四季長呼脾化食，三焦嘻卻熱難停。
髮宜多梳氣宜煉，齒宜數叩津宜嚥。
子欲不死條崑崙，雙手指摩常在面。
春月少酸宜食甘，冬月宜苦不宜鹹。
夏要增辛宜減苦，秋辛可省但教酸。
季月少鹹甘略戒，自然五臟保平安。
春寒莫放棉衣薄，夏月汗多宜換著。
秋冬衣冷漸加添，莫待病生才服藥。

惟有夏月難調理，伏天在內忌涼水。
瓜桃生冷宜少食，免至秋來成瘧痢。
心旺腎衰宜切記，君子之人能節制。
常令充實勿寬虛，日食須當去油膩。
大飽傷神饑傷胃，大渴傷血多傷氣。
饑食渴飲莫太過，免致膨脝損心肺。
醉後強飲飽強食，未有此身不生疾。
食後徐行百步多，手搓臍腹食消磨。
飲酒可以陶情性，大飲過多防有病。
肺爲華蓋倘受傷，咳嗽勞神能損命。
愼勿將鹽去點茶，分明引賊入腎家。
下焦虛冷令人瘦，傷腎傷脾防病加。
坐臥防風來腦後，腦內入風人不壽。
更兼醉飽臥風中，風才著體成災咎。
人無禮義反食之，天地神明終不喜。

養體須當節五辛，五辛不節反傷身。
莫教引動虛陽發，精竭榮枯病漸侵。
不問在家並在外，若遇迅雷風雨大。
急須端肅畏天威，靜室收心宜謹戒。
恩愛牽纏不自由，利名縈絆幾時休。
放寬些子自家福，免致終年早白頭。
頂天立地非容易，飽食暖衣寧不愧。
身安壽永福如何，胸次平夷積善多。
惜命惜身兼惜氣，請君熟玩衛生歌。

孫眞人枕上記

侵晨一碗粥，夜飯莫教足。撞動景陽鐘，叩齒三十六。
大寒與大熱，且莫貪色慾，醉飽莫行房，五臟皆翻覆。
坐臥莫當風，頻於暖處浴。食飽行百步，常以手摩腹。
莫食無鱗魚，諸般禽獸肉。自死獸與禽，食之多命促。

土木為形象，求之有恩福。惜命惜身人，六白光如玉。

孫眞人養生銘

怒甚偏傷氣，思多太損神。神疲心易役，氣弱病相侵。
勿被悲歡極，當令飲食均。亥寢鳴雲鼓，寅興漱玉津。
妖邪難犯己，精氣自全身。若要無諸病，常當節五辛。
安神宜悅樂，惜氣保和純。壽夭休論命，修行本在人。
若能遵此理，平地可朝真。

太極與性養生

太極與性養生是一個誘人的話題，不分文武，不論階層，不管文化修養，都願聆聽和探討這一敏感話題，但又不可能多著筆墨。古代先賢有「食、色，性也」之教，將每天吃飯與性並列為同等重要之生命所需。《黃帝內經》將男女性生活，畫一個框框，男為八八（六十四歲），女為七七（四十九歲）。性養生是一個說不盡道不完的話題，因人而異，視感情而言。還要根據本人體質和環境、條件，沒有定法，只能在悟。躲不可取，逃不對，貪對己健康不利，如何得到持滿？

㈠絕色不可取

在講性養生之前，先講一個故事。

有一位練武癡迷的練家，一天到晚除去工作，下班回到家便練功習武。夜間不睡覺，在堂屋打坐，天亮後又去上班了，每天什麼家務活也不幹，天長日久夫妻吵架，妻嘮嘮叨叨，吵得他心神散亂無法練功，家無寧日。局外人不好勸解，正當壯年，床上無功，房事斷絕，妻子當然要吵。丈夫一心追求武功，妻子成為一大障礙，女人成了他功成、健康的剋星。

為了清心寡慾專心練功，他把工作換到郊區，住在單位，每月回家送一次工資。幾個月後，他的功夫大有長進，自己滿意換工作之決斷。愛人也不鬧哄了，勸他不要往回跑送工資，從郵局匯回來，要抓緊時間練，他備感舒服，覺得妻子終於理解他了。

沒過多久，有好事者勸他常回家去看看，初不以為然，後來琢磨出點意思來，突然回家幾次。從孩子口中得知，有個叔叔常來。他的腦袋「嗡」的一下大了一倍。再後來，工作沒勁頭幹，武也沒心思練，常往家跑，差點兒半身不遂。

從這個故事中不難看出。夫妻間的性生活是不可少的，是保持夫妻恩愛、家庭幸福美滿的最為重要的因素。儒家的孟子也提倡人間男女之婚嫁性愛，主張「食、色，性也」「飲食男女，人之大欲焉」，這是常被當今性學家引用的名句。

人的生存不僅是為吃、喝、住、行、穿、睡，感情生活也是很豐富多彩的。人有七情六慾，它主宰著人的精、氣、神，再進一步闡述，七情六慾是人生命的支柱，故此，人離不開七情六慾，練功習武之人也不例外。正常的性生活，不但不會影響練功習武，可對習武者增長功夫有促進作用，有愛妻為伴，對提高技藝還會有幫助。人不可禁慾絕色，也不可縱慾，掌握適度對人的健康有益。練功習武之人，也是生活在人群之中，均不可遠離房事。

唐代藥王孫思邈在《備急千金要方》中說道：「男不可無女，女不可無男，無女則意動，意動則神勞，神勞則損壽。」事實如此，大凡男女因某種觀念上的誤區，或因感情、事業上遇到不幸，女子守貞終身；男子除感情因素外，為了攻讀、科研某一尖端專案，或忙於事業，遠離房事鬧出病來，古往今來有之。

清代詩人袁枚所著《小倉山房文集》中介紹，當時的名醫徐靈為一位富商診病，此商十年不近妻女。忽氣喘頭汗，徹夜不能眠，痛苦之極。經徐靈診治，並不用藥，言此症為「陽亢也，服參過多之故」，命與婦人一交而癒。可見房中性愛不可疏遠。男女之間性愛，對雙方事業有益，體魄也會堅強，文者文采熠熠，武者功夫過人，商者財源滾滾。這是從古延續至今的不破之理，望欲求養生者借鑒。

故事中練武之人受封建房中術影響，受練功習武絕色之影響，「不絕色，不習武」，「不休妻不談養生」，視妻為「自身壽命之最大威脅」。古代房中術蒙上一層絕色的封建色彩，加之幾十年來，性教育被禁錮，產生很多奇想也是可以理解的。

(二)性養生

講性養生之前，講第二個故事。

幾十年前有一位練武的年輕人，喜摔跤。幾年下來功夫不長進，身上僵緊，總是被師兄弟摔倒在腳下。他自己很懊惱，發憤苦練，婚期一推再推，不覺已年近三十，被父母逼迫無奈只好完婚。婚期一過，他又返回武場。師兄弟跟他玩笑，說：「跟嫂子蜜月剛過，成嗎？別把你摔散了架。」跟師兄弟過了幾跤，出乎意料的是，身上比婚前放鬆多了，他不但沒散架子，平時過跤常贏的師兄弟，今天反而躺在他的腳下。

性行為是人之本能，為人類生命之本源，是人類繁衍傳宗接代興旺人口之必然。隨著人類文明的進步和發展，人的性行為顯現為一種文化。從古至今一代代醫學家、養生學家、性學家對房中術、房事養生術，極為關注而進行研究。

合理的有節制的性生活，對人類健康是有益的。前面故事中，年輕跤手屬於性無知，糊裏糊塗得到性養生，當然，性養生不糊塗者從古至今有之。古代有人提倡，養生之要，「在於近姹，不應遠色，更不應絕色」。這一派性養生者以「採陰補陽」達到養生之目的。他們並不鍾情於補陽藥物，像參、茸、蟲草、肉蓯蓉、胡桃、蛇床子、杜仲、淫羊藿、益智仁、破故紙、絲子、韭菜子、楮實、鹿銜草等，還有動物藥的蛇、蛤蚧、紫河車、虎骨等。古代性養生術，持「以人補人」之愚見。所謂「以人補人」是經常多與女人交合採女人陰精，視處女、姹女為活藥。

我們從古代性文化遺產中發現，從祖宗代代相傳而來的房事養生，無不帶有重男輕女，男尊女卑的封建迷信色彩。性養生的中心是「採陰補陽」術。主男子與多女子交合而受益，有的則「動則易女」，不是一天一易女，而是一夜多女，保持勃起勢頭，同時與數女交合，以取養生、長壽之道。傳說彭祖高壽八百，他有「以人療人，真得其真」之說。

還有一種毫無科學根據的封建愚見，認為男女之道，男子「精液為寶」，善養生者要「固精」。房中養生術最為重要的床上技藝是交而不泄或數交不泄，夜御十女而不泄，精氣保而不虛也，能百接而不施泄者長壽。要達到此高超技巧，有一套床上「固精」術。欲泄，閉口張目，閉氣緊握雙拳、吸腹，以指抑耳後下翳穴，長吐氣，琢磨齒，則精隨脊髓上而補腦。

這是古人之見識，實際操作似乎不大可能。男女交合處於極度興奮狀態，閉口、緊握雙拳、指按下翳穴等動作不可能也難以操作，純屬無稽之談，而精液上補腦，更無醫理根據。古代人缺少醫學科學知識，口傳秘授，將精液看得神秘和奧妙，所謂「十滴血液一滴精液」，視精為寶。

古代醫學不發達，沒有解剖學和化驗儀器，看不到的東西憑想像和傳說居多，其實男子的精液為一般蛋白質，是生殖腺分泌出來含有精子的液體。人體科普知識告訴我們：精液在全身營養成分中，只占微小的一部分，也稱後天水穀之精。這種物質隨身體各個器官的新陳代謝，每天產生，每天又從體內排出，這種新陳代謝是人體有生有滅的自然現象。

俗稱「精滿自然流」，排精有三個管道，除了房事排精、青壯年夢遺滑精這可見遺精，還有看不見的暗排精，精液先到膀胱裏，然後隨尿液排出體外，根本談不上「精液為寶」，也沒有那麼貴重。

縱觀古代性養生，從古至今貫穿著一種封建迷信、男尊女卑的性養生思想，像「夜御十女」「採陰補陽」「精液為寶」等一系列對婦女不公平的性養生。男人可以妻妾成群，而女子守貞的大男子主義，都是以犧牲婦女平等權利為基點，剝奪女性的性平等的權利，侮辱女性人格，將女人視為「活藥」去為男人的養生、長壽服務，連起碼的人道主義都沒有。對於摧殘女性身心健康的性養生術，都是不可取的。我們要增強社會責任感，反對一切封建迷信的性養生。

㈢性在運動中的作用

性在人類活動中，跟吃飯同樣重要，你只要是人，不管是哪一階層的人，在人群中生存，「七情六慾」都是一樣的。除非你置身「七情六慾」人群之外，否則難以生存。

性是一種權利，性是一種責任，性是一種義務，性是一種道德，性是一種文化，性是一種審美。不能遠離絕色，不能輕率亂來，也不能貪戀縱慾。

夫妻性生活和諧，是使家庭幸福美滿，身體健康少生疾病的重要因素。對不同職業、不同階層的各界人士，有極大的促進作用。

據我國一份長壽報報導，前蘇聯體操運動員披露，前蘇聯體操女運動員站在領獎臺上領取金質獎章時，她們的心理活動是很複雜的。她們的內心有為國家爭得榮譽的驕傲，有獲金牌光榮之感；也有為此付出少女貞操之辱。因為體操運動員為突出運動成績，國家體育領導機關的有關官員，強制要求年滿十八周歲的運動員必須懷孕，而妊娠十週時墮胎。

隊醫向她們解釋，說懷孕期間的婦女機體中分泌出較多的雄激素，這一生理過程，有助於增強孕婦的體力和耐心。她們必須把性生活同訓練一樣，規定為「必修」課。如果找不到同伴，運動員則被迫與教練同居。

前蘇聯在體操、游泳、花樣滑冰、藝術體操等運動員中的女運動員毫無例外地必須有一位性伴侶陪伴她們訓練和性生活。

一位體育醫生從理論上評論此活動，說道：「這樣做，不僅僅是破世界紀錄奪取金牌，而且要使女運動員有外在的情感表達。而女運動員應該富有激情、豐潤，更富有女性化。而性生活對腦垂體功能有刺激作用，對於女性的情感能產生正面影響。」

從以上介紹不難看出，這是體育運動中的醜聞，金光閃閃的金牌背後，又有多少女運動員的貞操被剝奪。雖然是醜聞，卻也說明禁慾主義的習武練功之人，是不會得到出色成績的。我們要以冷靜心態看待這則報導，與古代養生一說「陽得陰而化，陰得陽而通」是同一理念。

㈣太極與性養生

從事練功習武之人要十分注意性養生，要慎重而認真地對待自家的性生活。性對練功習武者來說，可養生也能傷人，這跟「水能載舟，亦能覆舟」是同一道理。

1. 太極拳對性功能的影響

古典論述有七損八益之說，在《黃帝內經》中，古人對人體生理學的研究，從人的發育成長，天時四季對人的影響，歸結為男女房中術的年齡為，男性年逾八八即六十四歲，普遍「則齒髮去……五臟皆衰，筋骨懈惰，天癸盡矣。故髮鬢白，身體重，行步不正，而無子耳」，故男子不過盡八八；女不過七七，女到四十九歲，「任脈虛，太衝脈衰少，天癸竭，地道不通，故形壞無子也」。

《黃帝內經》在上古天真論篇中有一段記載，以人類性生活的章節為開篇，可見古人對性養生是十分重視的。

黃帝問天師岐伯，曰：「余聞上古之人，春秋皆過百歲，而動作不衰；今時之人，年半百而動作皆衰者，時而異耶？人將失去耶？」歧伯對曰：「上古之人，其知道者，法於陰陽，和於術數，食飲有節，起居有常，不妄作勞，故能形與神俱，而盡終其天年，度百歲乃去。今時之人不然也，以酒為漿，以妄為常，醉以入房，以欲竭其精，以耗散其真，不知持滿，不時御神，務快其心，逆於生樂，起居無節，故半百而衰也。」

古人常以德高者托以說教，教導子孫後人生活要有規律，起居飲食要講究、注意衛生。對待房事要慎而又慎，性生活不得縱慾，否則「以耗散其真」。

選擇以太極拳鍛鍊身體，以求保健養生健康長壽。太極拳與其他運動項目不同，無剛烈無高難動作，以鬆、柔、圓、緩行功盤拳，上下相隨，內外雙修，修身也修心，久練太極拳心態平靜，遇事平和處理，舒理臟腑，經絡暢通，血管、氣道通行無阻，陰陽平衡，身心健康。有了健康的身體，還要修練性心理衛生及性養生。性養性不單單是男人一方之事，忽略女性的性養生，這是不公平的，有失道德和禮儀。

我們應該尊重女性人格，對性養生應有正確的認識，性生活是兩個人的精神生活，不應該將女性作為「以人養人」的「活藥」。「採陰補陽」「一動易女」「精液為寶」和夜御十女不泄等等，都是不尊重女性的行為。男女雙方應盡夫妻之道。雙方有享受性快樂的權利，「陽得陰而化，陰得陽而通。一陰一陽，相須而行」。男女性養生從古至今有諸多優秀論文給予指導，古代性養生理論，以馬王堆出土竹簡《合陰陽》為最佳男女性養生的理論。

釋文：凡將合陰陽之方，土陽，楯村房，抵夜旁，上灶綱，抵領鄉，拯國覆周環，下缺盆，過醴津，陵勃海，上常山，入玄門，御交筋，上精神，乃能久視而與天地牟存。交筋者，玄門中交脈也，為得操之，使皆得樂養，說澤以好。雖欲忽為，作相相抱，以次戲道。戲道：一曰氣上面，徐呴；二曰乳堅鼻汗，徐抱；三曰舌溥而滑，徐屯；四曰下汐股濕，徐操；五曰嗌乾咽唾，徐撼，此謂五慾之徵。徵備乃上，上揕而勿內，以致其氣。氣至，深內而上撅之，以抒其熱，因復下反之，毋使其氣歇，而女乃大竭。……

房中術說易操作難，為了性和諧，家庭美滿，雙方對性愛、性養生要共同努力，使性愛得到完美的修練。

2. 人體藝術美

隨著人類文明的發展，現代文明衝破舊禮教和封建藩籬，西方社會比我們早了幾百年。西歐很多城市都有男女人體市雕，為城市文明和城市美增添了光彩。

隨著性文化的普及，夫妻和諧的性生活不再只為繁衍傳代，夫妻性生活有很豐美的內容。夫妻和睦，家庭幸福，精神愉快，是社會繁榮、進步、安全、穩定的重要因素。我們修練太極拳，修練性養生，是社會穩定不可缺少的重要部分。

人類社會美好的東西很多，山川大河，藍色的大海，白色的浪花，樹木植被，異彩紛呈的花卉、魚、鳥、寵物等等。世界上雖然美的東西太多太多，但最美的還是人體美，人體藝術最美。

．看到人體藝術之美，會使你的靈魂昇華，人變得更為高尚。而情愛、性愛，這種「陽化陰通」的性養生更是人間精神之一大享受。

㈤性觀念

在習拳圈子裏常碰到拳友提出來的練拳人性生活的問題，以及在性觀念上的幾種性心理反映和差異。

在習武人中有人視性為影響練功功成之障礙，而絕色持逃避的態度。有人受大男子主義支配，視「精液為寶」，採取「以陰補陽」，將女人視為「活藥」為男人養生長壽服務，這是受古代養生術的影響，將封建迷信的糟粕撿回來，實不可取。

其實我們習武練拳之人，如注意讀書看報，一些認識上的偏頗不難化解。近年來各類養生報刊比比皆是，關於性保健養生的文章俯首可得，有很多性醫學的說理，深入淺出，一目了然，可惜，武人不能拿出時間研習運動生理醫學，也是一件憾事。

習武人在夫妻性生活中，對性認識上要有正確的觀念。

1. 負擔重

凡習武之人，多遠離情愛場，傳統的口訣是「拳不離手」，大多數的業餘時間都在武場。經常練拳習武，朋友也是武友，每天想的和做的當然是研習拳術，將交女朋友談戀愛視為影響練功，遂使正常的男女情愛耽誤下來。

拳人將習武和婚戀對立起來，前文舉的幾件實例是確有其人的，棄武廢功險些半身不遂。這些朋友平時早出晚歸，即使在節假日也從不在家睡早覺，早早起來奔拳場而去，將愛妻撇在一旁，在感情上、生活上從不過問。使妻子對習武有一種厭惡心理，甚至仇視丈夫的武朋拳友，從不允許這些人到家裏來，幾十年不開禁令。

他們從不陪妻子兒女在節假日過一個幸福美滿的休息日，不管兒女的學業，不顧妻子的情感，在萬般無奈的情況下，勉強應付房事，性生活的品質極低，弄得雙方都沒有「性趣」。

人活著不是光為了吃飯，感情生活占全部生活中很重要的地位，這種只求習武練拳全然不顧家庭生活的人，是難以維繫一個和美家庭的，家庭是社會的一個細胞，嚴重的說，給家庭帶來不穩定，家庭不穩定，社會能安定嗎？

有些武友對家庭有些不負責任，只一味練功習武，放棄了自身對社會的責任、對妻子兒女的義務，常此以往只能走向家庭解體，造成一家人的精神負擔，心靈的創傷短時間內難以癒合。

2. 觀念舊

二十世紀九〇年代末，中國擺脫了貧窮落後，已進入高科技資訊時代，然而某些舊有的觀念仍然束縛著一些人，一時擺脫不掉精神上的禁錮。在二十一世紀的今天，舊的觀念要留在過去的年代，以全新的觀念去迎接新的時代，那麼性觀念是不是也應該，必然要更新。所謂家庭新觀念，表現在夫妻間的性觀念。首先是男女平等，女性有享受性平等的權利。

練功習武者，首先是一個正常的人，正常人要過正常人的生活。不能將封建殘餘的男尊女卑大男子主義帶入新世紀。

習武人也是人，不能對立的去看婚姻家庭生活。他們是正常人，是社會人，是家庭一位成員，是為人夫、為人父的健全的人。應該提倡習武人讀書，讀醫學、經絡學、性醫學、運動生理學等，武人要做一個有益社會的人，要善待妻子，從感情上關心她，從生活中照顧她，表現性心理的成熟。

太極拳修練是在陰陽變化鬆柔動態中運行，能極大地打通周身的血液循環，使生殖系統得到很好的調整，因而性亢進是必然的，甚至勝過人為補藥「三鞭酒」和「雄獅丸」。然而有些練武之人不是順其自然過正常的性生活，而是逃避。這些武友朋友首先要明確習武是為什麼，為什麼去習武，從表及裏，做一個健康人，做一個好丈夫、好父親，負起社會責任。

3. 全新的性觀念

練功習武者要將自己融入社會生活中去，首先做一名對社會對家庭負責任的人。

練功習武者是人，是正常的普通人，正常人離不開七情六慾。

習武者在選擇練拳的業餘愛好時，要以一個普通人進入武場，不能因習武而對家庭對社會不去盡自己應該盡的義務。凡男性一般都有一種職業和多種愛好，如果有了一種愛好，便去放棄一切而去執著地追求，放棄做丈夫的責任，不管不顧性生活和優嗣、優生，不尊重女性平等的性權利，那麼，練功習武又是為了什麼呢？

性是一種心理觀念，是一種道德觀念。性文化觀念，是戀愛觀念，是全新的家庭觀念，也是一種神聖的社會責任感。當然，如果遠離世俗進入寺廟，讀經習武，則另當別論。

我們的先祖奉行孔孟之道，他們並不反對性慾，他們提倡「食色，性也」，視性生活與吃飯一樣重要。宋代的梁山好漢爺並不都是禁慾主義者，後傳中絕大多數封妻蔭子有了家庭。走上練拳習武之道，也應重視家庭生活，以盡作為人夫人父之責任，盡丈夫、父親的權利和義務。練功習武為的是健體、強身、祛病、延壽，也要注意性保健和優生優育。

太極內外雙修意念養生法

太極內外雙修意念養生，動作不多伴以意念默讀為主，易懂、易學。習練此養生法不分男女，不限學歷高低，聽課易懂，師講即會，便於操作，此養生法亦可稱為「三易工程」。習練此法不受時間限制，早、中、晚子午流注追逐太陽走向習練，不受場地制約，有一張床，有半米之地，能站立，可放一把椅子即可操練。有時間多練無時間少練，動受益，練健康。

什麼人可以習練意念養生功呢？健康人習練後，增強體質；慢性病患者習練後加速康復進程；行動不便者、各種機動車司機、家庭主婦、老年人及老年婦女，透過習練，將提高生命品質，減緩衰老，年輕女性習練意念養生法，少用或不用脂粉也會有一張靚麗自然、動人的容顏。

意念養生說到其根本是經絡養生，大腦養生，您的六陰六陽經絡暢通無淤無阻，何病之有？您的大腦左右兩個半球腦流通順，何患之有？怎可能偏癱，怎可能語言障礙？

以下演示的養生保健功法，是在民間搜集整理的基礎上，作者創編的動作。

太極內外雙修意念養生法，將周身分為四個區域：

人體上部養生活動區——頭臉部

人體中部養生活動區——胸腹部

人體下部養生活動區——小腹部

人體周身養生活動區——臟腑、筋骨、經絡

(一)人體上部——頭臉部

1.頭、頭皮（站立式）

頭部是人體至高無上的司令部，指揮周身全體動作，健康頭部是十分重要的。

【操作】

以雙手十個指尖，從前往後梳理頭髮以刺激頭皮，左右手指在左右兩側從前向後，梳理刺激頭皮，邊梳理邊默念口訣。

【意念訣】

九天之氣運（動）頭，頭皮，
活躍頭、頭皮大小血管細胞，（重複）
九天之氣清洗稀釋頭、頭皮大小血管血液，
加速微循環流量，
清除血內病毒、毒素，
清除頭、頭皮血內垃圾、脂肪，排出體外，趕走病氣。

【站立式發聲】

默念訣時，最後一句從頭頂意直泄到腳。從左右二趾向左右展開：

（二趾）咦——（中趾）唏——（四趾）微——（小趾）哈！一切病氣意從小趾外泄入地。

注意發聲時不是發自肺、咽，而是從丹田往上發聲噴薄而出，聲音洪亮、渾厚（開始時可能聲發自肺、咽，日久隨腹式吸吸，即深長呼吸，聲音自然發自丹田）。丹田發聲震盪臟腑，是中華文明祖先傳下來的古代養生法。此發聲養生法為藥王孫氏家學傳承。

2.腦（前腦、後腦、左腦、右腦）（站立式）

科學家剖析人類的腦是一分為二有兩個部分，左腦主語言、邏輯思維；右腦主形體動作、想像和形象思維。

【操作】

以雙手十個指尖或頭刷，在頭上從前向後，從後往前，從左向右，從右往左抓撓，以刺激頭骨內的腦部。邊操作邊默意念口訣。

【意念訣】

九天之氣運（動）前腦、後腦、左腦、右腦，
活躍腦大小血管細胞，（重複）
九天之氣清洗、稀釋腦大小血管血液，
加速微循環流量，
清除血內病毒、毒素，
清除腦大小血管血內垃圾、脂肪，排出體外，趕走病氣。

【發聲】

從腦部往下循腿內側，自二趾始，（二趾）咦——（中趾）唏——（四趾）微——（小趾）哈！

靜立，雙手（不觸皮膚）從心臟部位往上到腦（反覆）。

【意念】

心腦血管充氣（反覆）。

3. 臉（仰臥式、坐式、站立式等三種姿勢均可，站姿發聲）

臉部是每個人的門面，身體健康，反映在容顏上。臉部光澤和靚麗給人一種健康向上，精神煥發的感覺。所以，一定要注意臉部的保健、養生。

【操作】

以雙手手心向臉，從臉的下部向上至前額推摩，反覆多次，左右食指配合夾鼻按摩。注意：輕則補，重則滯。

【意念訣】

九天之氣運（動）臉，

活躍臉部大小血管細胞，（重複）

九天之氣清洗、稀釋臉部大小血管血液，

加速微循環流量，

清除臉血內病毒、毒素，

清除臉部大小血管內垃圾，脂肪，排出體外，趕走病氣。

【發聲】

（二趾）咦——（中趾）唏——（四趾）微——（小趾）哈！

女性保持臉部青春靚麗還有兩法。

(1)以口水（中醫稱津液）滴於手心勻摩臉部。

(2)檸檬一個洗淨，用牙籤紮若干小孔，浸泡於純淨水或冷白開水中，三日後以檸檬水倒入手心，洗面或摩面，是美容妙法。

提示：站立式，上午太陽光照微弱時面東南對陽光，如陽光強，可選樹蔭後，勿直曬。

4. 脖頸（仰臥式、坐式、站立式，站立式發聲）

脖頸養生美容十分重要。我們在街頭或公共場所的行人中，常見老年男女穿著整整齊齊，精神面貌也很好，雙目有神行動瀟灑，女士風韻猶存，不像花甲之年。但是，他（她）們保養脖頸功力不足，有人臉下有一雞脖（請原諒如此形容）。

在電視上常見到四五十歲或年齡更大一些的女士、先生，還有的主持人以及藝術家，他（她）們往往不注意脖頸養護，或者說不知如何保護脖頸，從而失去了青春靚麗的脖頸。脖頸鋪滿橫豎皺紋，沒有光澤也失去平滑，看上去不雅。欲去此疾，請注意脖頸的養生美容。

【操作】

以左右手掌心，輪次從下往上輕摩脖頸（輕摩可延至左右頸部，雙肩前部和上胸部位）。

【意念訣】

九天之氣運（動）脖頸，

活躍頸部大小血管細胞，（重複）

九天之氣清洗、稀釋脖頸大小血管血液，

加速微循環流量，

清除脖頸大小血管血內病毒、毒素、垃圾、脂肪，排出體外，趕走病氣。

【站立式發聲】

咦——唏——微——哈！

美頸操，易學、易操作，可以經常仰首將脖頸顯露出來，以左右手輪番由下而上按摩頸部。睡前起床後衣著簡單無障礙摩頸為佳。已傳許多女士，效果良好。（圖1、圖2）

特別提示：津液流在手心上，或以少許檸檬汁摩脖頸效果更佳。

5. 眼（仰臥式、坐式、站立式）

人身上的器官，眼睛最為珍貴。人生從小到

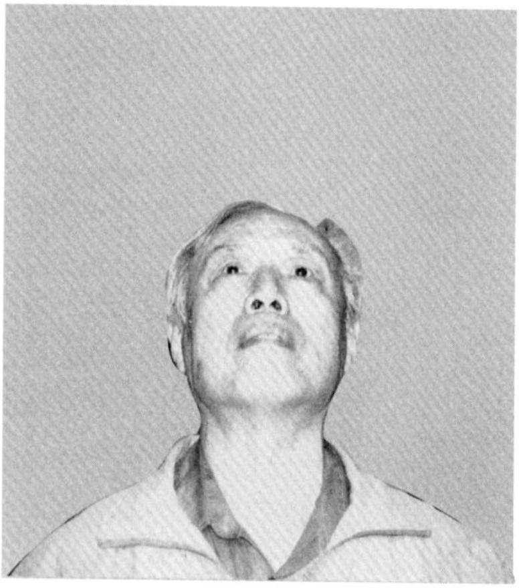

圖1

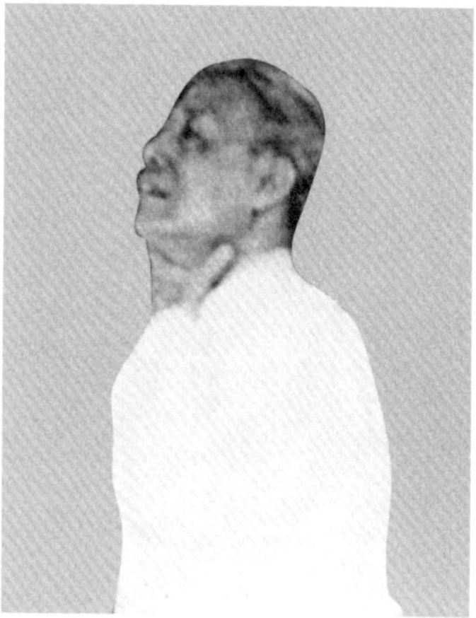

圖2

老，真正愛護眼睛者應注意不良習慣。

坐車看報，躲臥看書，徹夜搓麻，喝酒無度等等，都是傷眼害眼的不良習慣。更有肝火旺盛者，動輒怒髮衝冠，怒極肝勞眼倒楣，按中醫醫理辨證分析，每一種傷及勞損，都會引發出或潛伏數以百種以上的疾病。

其實，凡人體看得見的肢體、器官，眼睛是最為勞累的。古代人無電燈，眼疾勞相對較輕。現代人電視、卡拉OK酷用雙眼，眼睛不能休養生息，透支使用，十個有十位眼有疾患。

如果重視愛眼護眼，即可以減緩和少患眼疾。現介紹愛眼護眼八法如下：

(1)學一點中醫常識，保肝順氣、制怒養肝，遏止眼疾發生。眼屬於足厥陰肝經（足大趾大敦穴始上行），肝經始於大趾的大敦穴，上行太衝、曲泉、章門、期門、雙目，經印堂穴……內視觀肝是保肝養目之神招。

(2)太極拳為有氧運動，內外雙修，鬆柔動態運行促進臟腑營衛，陰陽平衡，放鬆眼肌，健身養目。

(3)靜坐養神，睜眼遠視。閉目從眉間印堂穴內視臟腑，調動肝臟營衛養眼明目。

方法：雙掌放置於雙膝上，手背為養，手心為放。左右手互換，注意坐姿要放

鬆。（圖3）

(4)主動飲水促進新陳代謝，防止晶體渾濁，延緩白內障到來，老年人要注意飲水衛生和多飲水。

(5)兩掌搓摩生溫，以掌心貼在兩眼之上，由緊至鬆，鬆貼至緊，不斷將掌心搓熱貼之，反覆多次。

(6)坐姿，以掌心（大約勞宮穴部位）輕貼雙眼，兩眼有深陷感，放手睜眼，配以吸氣使眼球有緩緩沖氣感和呼吸感，視線左眼左擴遠視，右眼右擴遠視。收視閉目兩掌心輕貼雙眼，眼呼吸反覆多次。（圖4）

(7)左右拇指輕按眼角的瞳子髎穴，左右食指順眼輪從內向外，先上後下按摩，有時間可兩小時按摩一次。讀書、看報、看電視後均應按摩眼

圖 3A

圖 3B

輪。然後，兩個食指按壓內眼角的睛明穴，重則滯，輕則補。（圖5）

(8)選口大的小瓶裝礦泉水或優質純淨水，每早目對瓶口仰洗雙眼，左右上下圓轉眼球，以清潔雙眼，防止眼疾。有條件每日多次洗眼。

以上護眼、愛眼八法遠不是全面養目法，學生的眼操、民間的多種護眼法請同道選用。

每日讀書、看報、看電視後多做幾次眼養生法。

【意念訣】

九天之氣運（動）眼，
活躍眼大小血管細胞，（重複）
打通眼微循環，加速微循環流量，
清除血內病毒、毒素，
清除眼大小血管內垃圾、脂肪，排出體外，

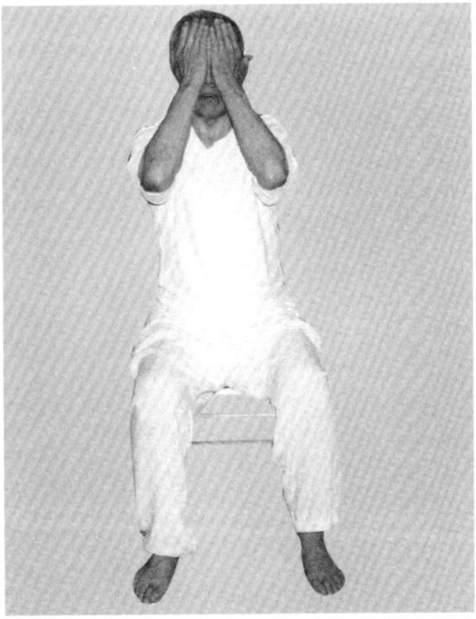

圖4

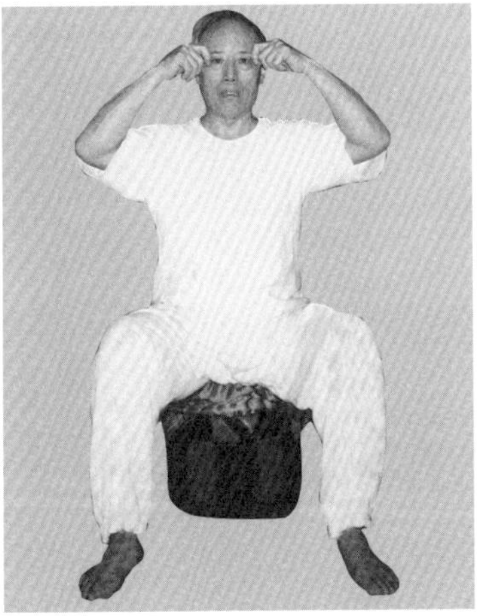

圖5

打通眼毛細血管，雙眼明亮。

【站立發聲】

（二趾）咦——（中趾）唏——（四趾）微——（小趾）哈！

6. 耳（坐式、站立式）

報載以色列人一養耳法，即早晚熱水燙耳，或用熱毛巾按摩耳朵，可惜未帶回養耳之書面文字。據說摩耳、燙耳血液流通，充氣健腦，開發大腦，雖未查到依據，以上二法足以健耳養腦。

中醫醫理辨證健耳養耳認為「耳為宗脈之所聚」。周身六陰六陽十二經脈，再加上任督兩大脈，即十四正經，均達於頭、耳，有「一身之氣貫於耳」之說。經常按摩雙耳經絡疏順，氣血暢通，舒理臟腑，平衡陰陽，增強聽力，為腦充氣是很自然的。現代醫學認為耳似一個側臥人形，耳廓皮下有很豐富的神經、血管和淋巴組織，醫治胃、神經衰弱等病症常施以針灸或埋耳針、埋耳豆等法療治，較有療效。

健耳養耳法如下。

(1) 順摩：雙手以食指在內，拇指在外循耳廓自上而下按摩。每次三十六下。（圖

6）

(2)耳垂：仍以食指在內，拇指在外自上而下捏捋耳垂。隨時捏捋，次數多為好。

(3)耳鼓：雙手分左右壓按住耳孔，五指置於腦後，反覆鬆按孔道，為耳內充氣，運動鼓膜，強健鼓膜以增強聽力。（圖7）

(4)打鼓：以掌按壓耳孔，五指放在腦後，食指壓在中指背上，往下滑落以擊打枕位、後腦，發出擊鼓聲，人稱「鳴天鼓」。想起來便打，次數多有益鼓膜，有利健腦。

(5)搓耳：在做健耳操前後，以左右手食指、中指、無名指、小指搓揉雙耳，將雙耳的輪道也逐一搓揉，健耳的同時，調理臟腑提神醒腦。每日數次，隨時操作。

(6)如有小蟲進入耳孔，灌入蔥涕，蟲自出。

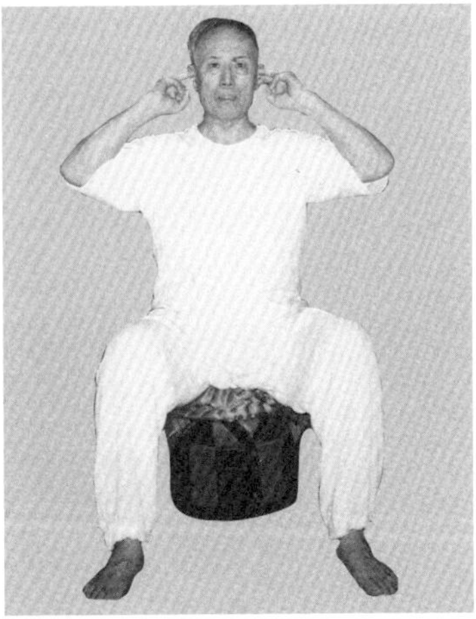

圖6

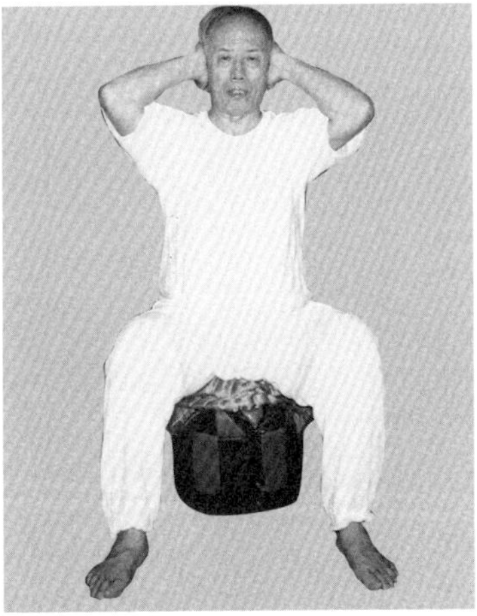

圖7

每日多做幾次耳養生法。

【意念訣】

九天之氣運（動）耳，
活躍耳大小血管細胞，（重複）
清洗、稀釋耳大小血管血液，
加速微循環流量，
清除耳血內病毒、毒素，
清除耳大小血管內垃圾、脂肪，排出體外。

7. 牙、牙齦（坐式、站立式，不發聲）

俗話說：「牙疼不算病，疼起來真要命。」牙在人體器官中是外露的，它既有人體器官之功能，又起著對外上下「兩扇門」之作用。牙齊，人美，牙美人更美，所以牙齒是美容、健康應關注的器官。

練武人常說「牙是骨之梢」。梢節有了病變對骨不利。有人牙有小疾，動輒拔牙。為了美容而拔牙很不值得。牙齒缺損影響記憶力，不可輕易拔掉。我們要養成護牙、愛牙的良好習慣。也有人說，牙是壽命，不可輕易拔掉。

按摩牙齦：自我護牙愛牙，首要是活動牙齦。牙齦營衛氣血流動，牙齒自然健康堅硬。此法極為簡單，每天數次以指梢擊敲牙齦，用左右手指梢從人中穴起向左右兩側敲擊，下從承漿穴向左右敲擊。以小力輕敲不痛為準。另法，伸張大拇指、食指，中間形成一個月牙形，左右手輕貼上下唇部左右按動，按摩上下牙齦。

叩齒：上下齒相叩發出清脆聲響，以壯牙、健康牙齒。或不發出聲響，上下齒空咬合，每天數次，與叩齒效果相同。（男性房事以咬齒為宜）

愛牙養牙應隨時動作，想起來便做，只要不影響他人。

【意念訣】

九天之氣運（動）牙齦，
活躍牙齦大小血管細胞，（重複）
九天之氣清洗、稀釋牙齦大小血管血液，
加速微循環流量，
清除牙齦血內病毒、毒素，
清除牙齦大小血管內垃圾、脂肪，排出體外，趕走病氣。

8.舌（仰臥式，坐式）

愛舌養舌，舌根、舌尖可協助發音，舌生唾液協助飲食消化。

唾液，俗稱口水。科學家研究表明，正常人每天分泌唾液大約一公斤，相當於五杯水。

舌在足太陰脾經、足少陰腎經等兩個經脈上。傳統醫學認為脾為涎，腎為唾，唾液為脾腎所化。它來自口腔內的腮腺、頷下腺、舌下腺等唾液腺分泌出來的養生長壽之水。唾液透明無色，中醫稱它為「金津玉液」，其成分，水占九成以上，其餘含鈉、鉀、鈣、氯、硫等離子的鹽類，以及粘蛋白、球蛋白、唾液澱粉酶以及唾液腺激素等多種對身體有益的化學成分。

唾液可以濕潤口腔，軟化像乾饅頭、烤麵包乾等乾硬食物，便於吞嚥，還能分解澱粉，促進消化。而唾液對人體的最大貢獻是腮腺素具有抗衰老活性，溶解細菌的酶，可以殺菌和清潔口腔，比刷牙還要理想。

醫學家研究表明：唾液腺激素能促進細胞的生長和分裂，加速細胞內去氧核糖核酸和蛋白質的合成，對我們習武之人，能促進眼、牙齒、肌肉、關節等間葉組織的發育。我們練功習武後口內「金津玉液」充盈，要隨時漱口，時時分幾次將漱過的唾液吞下，意念滋潤下丹田，有抗肌體衰老，延年益壽之奧妙。

唾液濕潤口腔後，要時時涮舌，即舌沿牙齒外延順逆時針涮運，像刷牙一樣清潔牙齒、牙齦表面，使其有光澤。每次左右各三十六涮，經常涮舌能預防老年語言障礙，有益腦健康。

經常叩齒，使牙齒堅固，保健作用與涮舌異曲同工。（大小便時請緊咬齒）

注意經常叩齒涮舌有抗衰老之益，可防止老年癡呆言語不清之患。

口出津液分多次慢慢嚥下，意下丹田。

9. 心腦大小血管（仰臥式，站立式發聲）

心臟是推動全身血液循環的器官，向腦輸送新鮮血液和氧氣。

【操作】

仰臥式：以雙手掌心向下，距離胸部一拳，從胸部往上向腦部輪番空摩。

站立式：沒有動作，以意念默想，從胸間向腦部充氧。

【意念訣】

九天之氣運（動）心腦大小血管，
心腦大小血管充氧，
活躍心腦大小血管細胞，（重複）
九天之氣清洗、稀釋腦大小血管血液，
加速微循環流量，
清除血內病毒、毒素，
清除心腦大小血管內垃圾、脂肪，排出體外，趕走病氣。

【站立發聲】

咦——唏——微——哈！
人體上部（頭臉部位）意念養生完成，每天最少一次，有時間多做數次。

【註】

①血管分為動脈、靜脈及毛細血管，此養生法以眾人習慣的大小血管叫法。
②根據個人胸腦部位的健康狀況，可增減意念養生活動量，某部位健康狀況不佳可增加活動量。

㈡人體中部——胸腹部

要細心愛護心臟，心臟是人體的司令部。若注意心臟健康但又苦於無從下手，意念養護心臟可隨時施法。

1. 心包、心臟（仰臥式，站立式發聲）

左手輕旋中脘穴（胸窩下），自左上而右下旋摩圓轉。

心臟司職周身血液循環新陳代謝，心包係心臟外部一層膜，心脈和心包壁中間有漿液起潤滑心臟之途。心臟活動不受胸腔摩控，從而保護心臟。

【操作】

仰臥式：以右手掌心輕扶在心臟部位，自上（左）而下（右）旋轉輕摩。

站立式：動作同仰臥式。

【意念訣】

九天之氣運（動）心包、心臟，

活躍心包心臟大小血管細胞，（重複）
九天之氣清洗、稀釋心包、心臟大小血管細胞，
加速微循環流量，
清除血內病毒、毒素，
清除心包心臟大小血管內垃圾、脂肪，排出體外，趕走病氣。
（從頭頂往下直想雙腳腳底）意血管內病毒及血內垃圾往下直泄入地。

【站立發聲】

咦——唏——微——哈！

2.胃（仰臥式，站立式）

胃對於人類的生存起到至關重要的作用，人為了活著要吃食物，胃分泌胃液協助消化，人體所需水分是由胃進入體內。有人喜食大量的零食，給胃造成極大的負擔。不注意飲食衛生，將霉變或有污染的東西食進胃裏，給胃增添了很多麻煩。

胃有病能威脅人的生命。人們平時要防止病從口入，注意飲食衛生和飲食健康，也就是為胃健康把關。

人們對飲食不注意，造成胃的不適，如胃脹、胃酸、噁心、嘔吐以及胃潰瘍等症。我們應注意自身健康，平時要注意愛胃、養胃，保證胃健康。

治病先防病，請做胃意念養生法。

【操作】

仰臥式：在睡前和起床前著睡衣操作為佳。左手掌心輕扶胃部位，即中脘穴上，左上右下旋轉輕輕摩揉。

站立式：動作同仰臥式。

【意念訣】

九天之氣運（動）胃，

活躍胃大小血管細胞，（重複）

九天之氣清洗、稀釋胃大小血管血液，

加速微循環流量，

清除血內病毒、毒素，

清除胃大小血管內垃圾、脂肪，排出體外，趕走病氣。

【站立發聲】

咦——唏——微——哈！

3. 肺（仰臥式，站立式發聲）

人體器官都很重要，哪個部位有病灶，出現病變，直接影響生命。肺臟功能奇特，除了呼吸功能外，由心臟排出來的帶有二氧化碳的血液經肺動脈到肺泡內進行氣體交換，變成充氧的血液，又回流到心臟。

如果肺有病，像肺結核、非典型肺炎危害極大，凡有人群的地方，肺病傳播鏈，動物也難逃劫難，而間接威脅社會群體的安全。

愛肺、養肺、肺養生，對人類是至關重要的。平時要注意鍛鍊身體，增強肺活量。因為經常注意身體活動，加強胸廓的活動幅度，健全呼吸系統，可以預防肺氣腫，使肺臟的呼吸、通氣功能順暢。重要的是肺保健，要注意肺部的意念養生。

【意念訣】

九天之氣運（動）肺，

活躍肺大小血管細胞，（重複）

九天之氣清洗、稀釋肺大小血管血液，

加速微循環流量，

清除血內病毒、毒素，

清除肺大小血管內垃圾、脂肪，排出體外，趕走病氣。

【站立發聲】

咦——唏——微——哈！

4.腎（站立式發聲）

(1)人活精神，精神從何而來，如果不「抬槓」，精神從腎臟而來。俗話「腎壯精神旺」，話糙理不糙。藥王家學告訴我們：「心為肝之子，腎為肝之母。」養腎愛腎，腎保健是經常不斷、時時自然之活動。每日晨起雙手背後以手背上下左右轉圈輕柔，也是一種上乘養腎自愉方法（見圖8）。

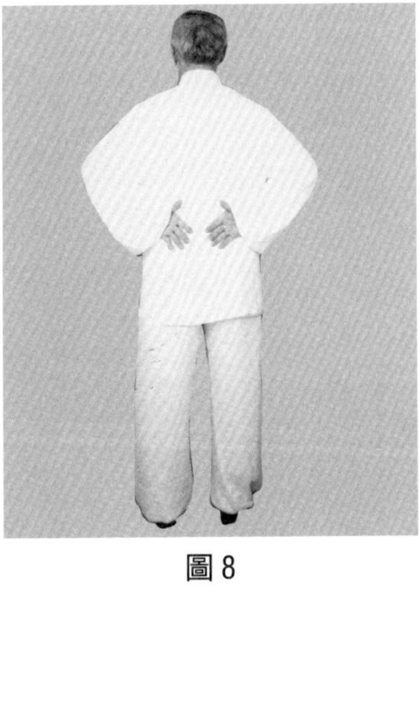

圖8

在睡前、起床後衣服較少，揉腎相宜。室外揉腎以綠色叢中為宜，腰帶要寬鬆。

(2)每日拍打輕揉養腎，這種養腎操晨起、睡前著裝輕便時為宜。到公園散步，衣服整齊，腰帶合適，再拍打輕揉有益通暢，有人問如何習練養腎操呢？

請找一棵松樹，其他樹均可，兩公尺距背向松樹，雙腳一肩寬站好。左手自然下垂，右手上舉過頭，手心向外，右手無名指引領，向左後轉動身體，弛頸，頭向左轉，隨身體左轉遙望身後松樹。鬆虛雙腳，右手輕輕落下，自然鬆垂。隨即左手上舉過頭，手心向外，以無名指引領，向右後轉動身體，弛頸，頭隨身向右轉動，自然為好，遙望身後松樹，四九36次。有時間多練，每日上、下午工間操時間可

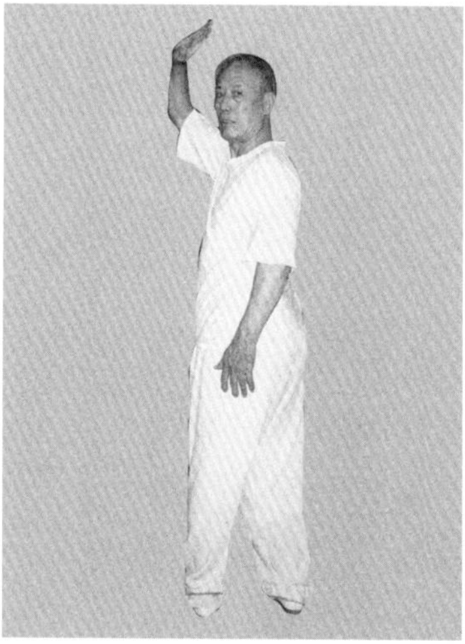

圖9

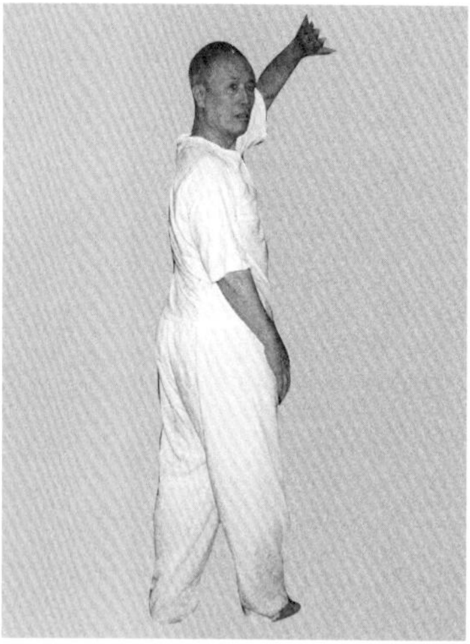

圖10

做養腎操，以保腎養腎（圖9、圖10）。

以上兩種保腎養腎法，均可發聲。

【意念訣】

九天之氣運（動）左腎，九天之氣運（動）右腎，九天之氣運（動）左腎右腎細胞，

活躍左腎右腎大小血管細胞，（重複）

九天之氣清洗、稀釋左腎右腎大小血管血液，

加速微循環流量，

清除血內病毒、毒素，

清除左腎右腎大小血管內垃圾、脂肪，排出體外，排出結石。

【站立發聲】

咦——唏——微——哈！

仰臥式意念養腎，在默念意念訣的同時，以左手掌心輕摩揉中脘穴位，左上右下旋摩。

5. 六臟六腑（仰臥式，站立式發聲）

為使臟腑通暢以保證身體健康，首先六臟六腑十二條經脈順暢是臟腑健康的保證。通常的習慣說法是「五臟六腑」，如此少說「心包經」。心厥陰心包經經絡走向為中衝穴至天池穴，六陰六陽匹配相合。使六陰六陽臟腑不淤不阻的絕好方法是以意念導引臟腑順暢，每天至少做一次六臟六腑意念養生法。

【意念訣】

九天之氣運（動）六臟六腑，
活躍六臟六腑大小血管細胞，（重複）
九天之氣清洗、稀釋六臟六腑大小血管血液，
加速微循環流量，
清除血內病毒、毒素，
清除六臟六腑大小血管內垃圾、脂肪，排出體外，六臟六腑暢通無阻。

【站立發聲】

咦——唏——微——哈！

人體上部「頭腦部位」，人體中部「胸腹部位」已結束，凡習練者一定要堅持天天練習，不要中途輟練或停練。這套意念養生法是從民間而得，大眾習練效果尚佳，只要堅持就有益身心健康，袪病延壽。

在習練過程中，根據個人健康狀態，可增加習練時間或側重習練幾個單項器官，意念訣亦可增減，以順暢上口為好。大家習練後，亦可創作出益於健康的意念訣，眾人傳播共同得到健康，此為善舉，功德無量！

㈢人體下部——小腹部

1. 小腹（左掌輕摩）（仰臥式，站立式發聲）

小腹在人體肚臍以下部位，內藏結腸、空腸、回腸、直腸（通俗說為大腸、小腸）及男女泌尿生殖系統。小腹各個器官正常運轉，是身軀總體健康的保證。在小腹部位意念養生運行時（仰臥式），要伴以左右手俯掌在肚臍圓周輕摩。站立式以左掌掌心輕貼小腹，右掌輕扶左掌掌背，自左向右輕輕周轉。

在左右掌操作循肚臍圓周輕摩時，可取左右掌互換法，左掌左升右降，右掌右升左降（顛倒術養生）。以下部位均應循肚臍圓轉輕摩膽、肝、胰、脾。

【意念訣】

九天之氣運（動）小腹，
活躍小腹大小血管細胞，（重複）
九天之氣清洗、稀釋小腹大小血管血液，
加速微循環流量，
清除血內病毒、毒素，
清除小腹大小血管內垃圾、脂肪，排出體外，趕走病氣。

【站立發聲】

咦——唏——微——哈！

2. 肝膽（左掌輕摩）（仰臥式，站立式發聲）

肝有造血之功，怒傷肝，怒極肝勞，驚傷膽，肝膽俱傷，「心為肝之子」，肝膽潛伏勞損會引發病患，故保肝壯膽是我們必須時刻注意的肝膽健康準則。

像太極拳的攬雀尾式第五和第六動或以右手掌轉扶於肝部位，左掌按於右掌上引領左升右降旋轉，具有保肝壯膽的作用。發聲震盪及氣運摩肝膽也有養護作用。

所謂氣按摩，是指有腹式呼吸功能者，以意導引氣繞肝旋轉，以氣按摩肝膽部位，可謂以氣運身，以氣養器官的氣養生。

【意念訣】

九天之氣運（動）肝膽，
活躍肝膽大小血管細胞，（重複）
九天之氣清洗、稀釋肝膽大小血管血液，
加速微循環流量，
清除血內病毒、毒素，
清除肝膽大小血管內垃圾、脂肪，排出體外，趕走病氣。

【站立發聲】

咦——唏——微——哈！

3. 胰腺（右掌輕摩）（仰臥式，站立式）

胰在胃後下方，胰幫助消化可分泌胰島素，如果胰島素分泌量過低，失去調節體內糖的新陳代謝，易引發糖尿病。糖尿病很難治癒，發展下去極為影響健康。脾是胰的近鄰，位於胃的左側，脾產生淋巴球，人體內鐵存於脾，脾調節脂肪、蛋白質的新陳代謝。平時請注意胰腺保健，白酒過量傷胰，胰破裂生命即停止，請戒酒。

【意念訣】

九天之氣運（動）胰脾，
活躍胰脾大小血管細胞，（重複）
九天之氣清洗、稀釋胰脾大小血管血液，
加速微循環流量，
清除血內病毒、毒素，
清除胰脾大小血管內垃圾、脂肪，排出體外，趕走病氣。

【站立發聲】

咦——唏——微——哈！

4.泌尿生殖系統（右掌輕摩）（仰臥式，站立式）

生殖系統由腎、男女生殖器官、膀胱、精囊、睾丸、卵巢、子宮等器官組成，擔負人類繁衍後代的重任。而「腎為肝之母」，人活動的精氣神由腎而來，可見，泌尿生殖系統在人體中作用很大，不可忽視其保健。

換一個視角，泌尿生殖系統多舛，例如腎炎、腎結石、尿毒症、膀胱炎、結石、精囊、卵巢之疾、子宮瘤以及性病，更為危害健康，而且是感染愛滋病的途徑之一。

生活中要注意泌尿生殖系統的衛生，還要保持健康的心態潔身自好，此系統在小腹內，揉摩小腹以意念養生為佳。

【意念訣】

九天之氣運（動）生殖系統，
活躍生殖系統大小血管細胞，（重複）
九天之氣清洗、稀釋生殖系統大小血管血液，
加速微循環流量，
清除血內病毒、毒素，

清除生殖系統大小血管內垃圾、脂肪，排出體外，趕走病氣。

【站立發聲】

咦——唏——微——哈！

5. 前列腺（左掌輕摩）（仰臥式，站立式）

在人體生殖系統中，男性特有的前列腺器官亦稱男性生殖器部件，是位於膀胱下面的一個腺體，功能分泌的液體伴以精液射出。

前列腺體積不大，約栗子般大小，為什麼單單拿出來列為養生功修練呢？前列腺並不大，但是人類繁衍生息的重要部件，有些人年老常鬧前列腺肥大、前列腺炎等病症，病患者十分痛苦，鬧大了還要動手術。如果平時注意保健，就會減少前列腺病變的機會。

【操作】

(1) 以手食指、中指、無名指、小指等四個手指揉動；

(2) 經常收吸小腹下部；蠕動前列腺。

【意念訣】

九天之氣運（動）前列腺，
活躍前列腺大小血管細胞，（重複）
九天之氣清洗、稀釋前列腺大小血管血液，
加速微循環流量，
清除血內病毒、毒素，
清除前列腺大小血管內垃圾、脂肪，排出體外，趕走病氣。

【站立發聲】

咦——唏——微——哈！

6. 陰囊（站立式或蹲馬步）

陰囊內有睪丸、附睪、輸精管、射精管、精囊、前列腺、陰莖，亦稱腎囊，分泌一種睪酮，也就是雄激素或稱男性荷爾蒙。陰囊是男性生殖系統的重要器官，配以陰莖，男女交合繁衍後代。

從男科病患調查看，婚後男性患有不同程度男科病患者數字驚人，多為陽痿、早洩、勃起障礙等症狀，此病對身體無大礙，但影響家庭生活。

古代性養生辨證施治以動物藥、植物藥進行溫補，療效一般，而古代民間「鐵襠功」養生術有奇效。鐵襠功冬練「三九」，夏練「三伏」，常年習練不輟，此功講究「撚揉掛搓打」，門派不同，也有「撚拿揉掛攏」，不管什麼方法練功都很艱苦。

筆者見鐵襠功習練者蹲襠騎馬式，左右掌高舉下落輪番抽打睾丸，將睾丸擊打得往回縮成一個小球，然後以繩繫一塊三公斤重的板磚掛吊在睾丸上，掛一次功要十幾分鐘，沒有體力難以堅持。習練者鐵襠功成，用力踢，踢之不動，也許踢者腳要受傷。

我們為了保健，去繁就簡，只練揉、搓、攥、打以健體、袪病、養生。姿勢不限，站、坐、蹲襠、馬步式均可，方法如下：

武術家捏撚輸精管，在陰囊底部兩側，也有稱它為「精鎖」，管質堅硬，捏撚時擋手，略有痛感。大家不妨試試，定有收效。

揉——單手操作或雙手合掌揉，似揉保健球揉陰囊，以小痛為準，時而加大，大痛後速減力，時加力減力交替行動，左右手互換，每次一～三分鐘。

搓——雙手操作，兩手搓熱後，以掌心挾住陰囊前後搓揉，一般沒有痛感。每次一～三分鐘。

攥——單手操作，大把攥住陰囊，輕重力交替，鬆緊變換手法。左右手交換操作，每次一～三分鐘。

打——馬步或站式，左右手輪番下打，忍小痛到不痛，每次一～三分鐘。

以上睾丸保健操練四法，以中年以上年齡組習練為宜，目的以刺激睾丸分泌雄激素，防止衰老，增強雄健勃起功能。此法對年老多病、陽痿、早洩者也許有神奇的功效。

【意念訣】

九天之氣運（動）睾丸，
活躍睾丸大小血管細胞，（重複）
九天之氣清洗、稀釋陰囊大小血管血液，
加速微循環流量，
清除血內病毒、毒素，
清除陰囊大小血管內垃圾、脂肪，排出體外，趕走病氣。

【站立發聲】

咦——唏——微——哈！

7. 子宮（女）（右掌輕摩）（仰臥式，站立式）

子宮是女性獨有的人體器官，在膀胱上位，像一個口向下的囊體。卵子受精後，在子宮內發育成長為胎兒。子宮是一座適合人類孕育胎兒的宮殿，母體為胎兒提供充足的水、食物和氧氣。

女性應該十分關愛自己的子宮，但有些女性珍愛這個重要器官不夠，平時不注意運動生理衛生，有些已婚男性也缺乏保護女性健康的意識。女性生殖系統有病痛，多要殃及子宮，患子宮瘤、子宮癌、宮頸癌、部件發炎等等。建議女性朋友注意下身清潔，做意念養生功。

【意念訣】

九天之氣運（動）子宮，
活躍子宮大小血管細胞，（重複）
九天之氣清洗、稀釋子宮大小血管血液，
加速微循環流量，
清除血內病毒、毒素，

清除子宮大小血管內垃圾、脂肪，排出體外，趕走病氣。

【站立發聲】

咦——唏——微——哈！

㈣人體周身

以仰臥式為佳，默意念訣，伴以左右掌上下自然輕摩，在任脈上從天突穴往下至曲骨穴，左右手互換。此法為京城太極大師楊禹廷親傳，他介紹自四十二歲運用此法，在晚上入睡前輕摩胸腹二百次至九十六歲壽終，不曾生過大病，六臟六腑通暢，舒服從無淤阻病患。恩師傳授給我後，我習練有二十餘載，感覺臟腑通暢無淤無阻，無便秘不暢之患，也未患過大疾大災，身心健康。

筆者在實踐中將其加以改進，不單單百數摩，而將胸腹貫通全身的臟器默訣（諸如筋骨、肌膚、微循環及毛細血管、奇經八脈、動脈、靜脈、全身大小血管等等），加以兩掌輕摩，達到內外雙修之功效。從周身上下以及器官經脈分部位逐一輕摩，便於把握。有一位中年婦女多年痛經，習此法後幾個月，痛經消失。有類似症狀者可試試。胸腹輕摩示範圖（圖11）：

1. 六陽六陰經絡（仰臥式，站立式）

從傳統醫學視角審視，保健養生歸根結底是經絡養生。人的十二條經脈為六陰六陽經絡。從腳到頂，從頂到腳，六陰六陽經絡貫通全身無所不在，經通絡活，不淤無阻，提高生命品質，何病之有。臨床患者循經疹泡，醫藥難求，唯對經絡施以針灸療法，或循經按摩可免於病患。

養生者追求身體康泰，經脈無淤無阻，脊椎運行通暢，健腦益腦，腦流高質量暢通。祛病延壽是我們養生的渴求。運動項目多樣，唯內外雙修意念養生經絡易練，效果尤佳，請君審之。（後附藥王三十六代傳人中醫藥學家、針灸家、武術大師孫繼光編《藥王孫氏鄭州系經絡圖》十六幅供學習參考）

【操作】

仰臥，雙掌輪流從上至下輕摩胸腹，伴以意念默訣。站立

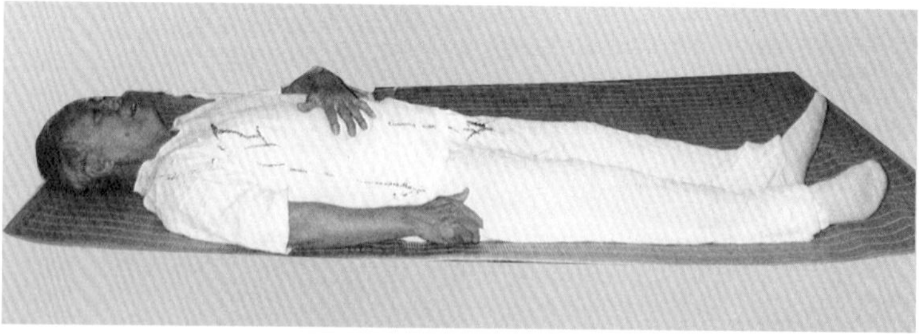

圖11

式而陽光充足立隱於樹葉後，默訣發聲。

【意念訣】

九天之氣運（動）六陰六陽經絡，

活躍六陰六陽經絡大小血管細胞，（重複）

九天之氣清洗、稀釋大小血管血液，

加速微循環流量，

清除血內病毒、毒素，

清除大小血管內垃圾、脂肪，排出體外，趕走病氣。

【站立發聲】

咦——唏——微——哈！

附一：孫氏鄭州系經絡圖

孫思邈鄭州系經絡圖十六幅和穴位歌，是當年供孫氏後人針灸與練武學內功而設的。其經絡穴位圖識，基本上與現代海內外中醫大專院校所供之學相吻合，也顯示了藥王孫思邈在經絡針灸學上的獨特辨識。鄭州系傳學一千餘年，啟迪使用到了今朝，仍未改其宗。因這些圖識與歌訣活潑生動易學易記，頗有功夫特色，可聊供練家子們研而有語，廣為參考。能有幸不誤世人之修，是我本願。

附圖1 鄭州系針度量法圖示。鄭州系針灸度量法，與現代流行的法則基本相似。所示骨度法、身寸法、指量法，均指依法判斷被針灸之人而言，病患者高矮胖瘦形體異別，需要依法度測而後行。練目力，總結經驗，實踐之後而知必不可少。

附圖2 足太陰脾經（共二十一穴）。孫氏鄭州系與現代流行的經穴圖示等，古今基本吻合，認經認穴基本相同。所示不同點在於認識「阿是穴」。即針灸進行中，依經絡布穴行針時，再根據疼痛點補針，甚至直刺痛點。其後十四圖依舊如此，故不再贅言。

詠脾經詩訣：脾是太陰坤足洲，隱白在腳大趾頭。大都太白公孫流，商丘三陰交常友。漏谷地機陰陵泉，血海箕門衝門走。府舍腹結大橫戀，腹哀食竇天谿留。胸鄉周榮大包去，二十一穴呼長求。易位為坤玄女色，主思嗜甘戒忘愁。

附圖3 足厥陰肝經（共十四穴）。

詠肝經詩訣：勸君重視足厥陰，一十四穴有諧音。大敦行間太衝沉，中封蠡溝中

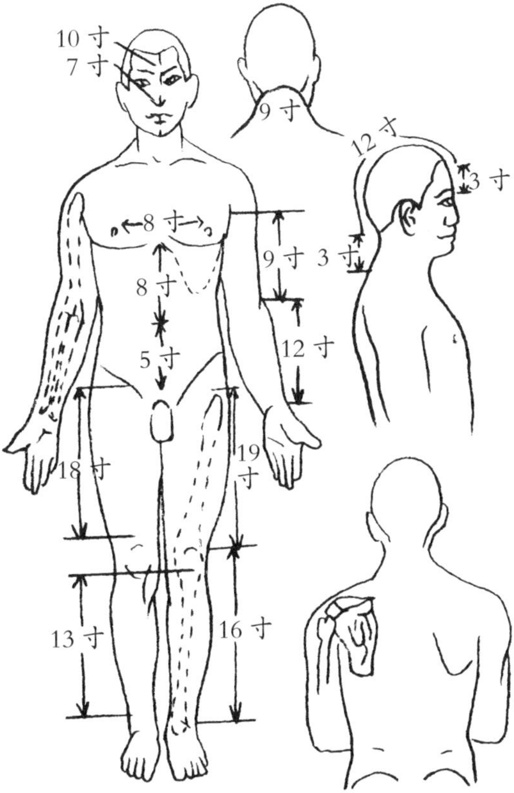

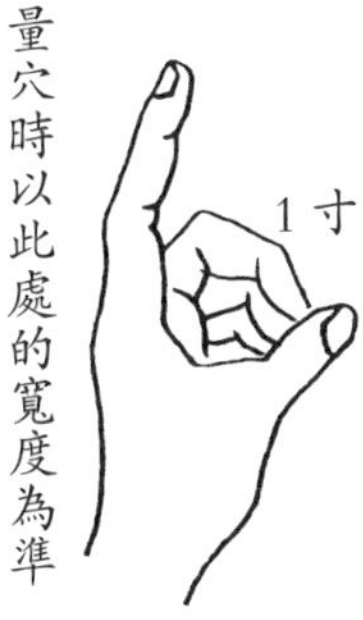

中指同身寸

分寸析量法（骨度法）

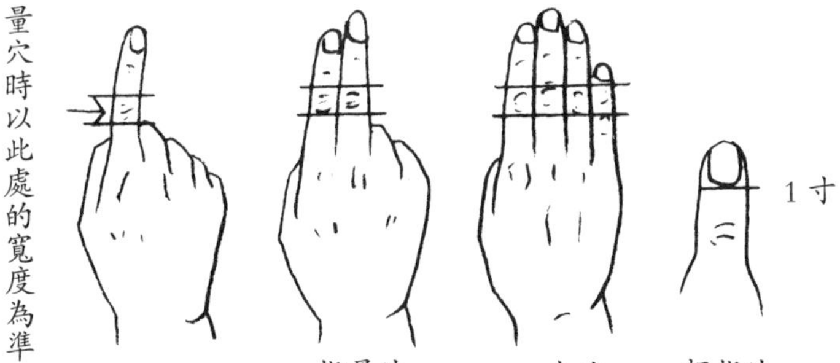

指量法　　一夫法　　拇指法

附圖1

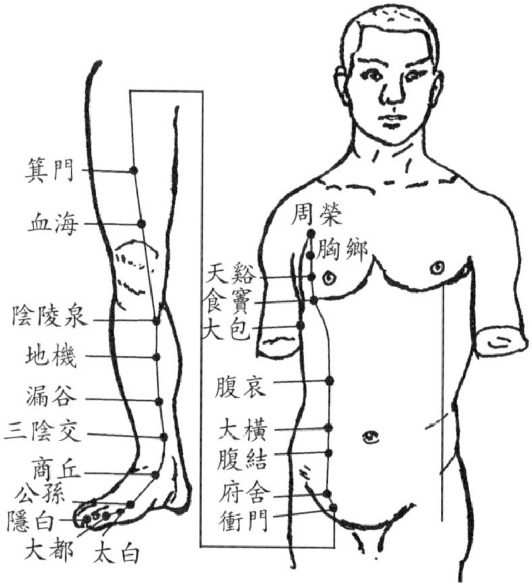
箕門
血海
陰陵泉
地機
漏谷
三陰交
商丘
公孫
隱白
大都
太白
周榮
胸鄉
天谿
食竇
大包
腹哀
大橫
腹結
府舍
衝門

附圖 2

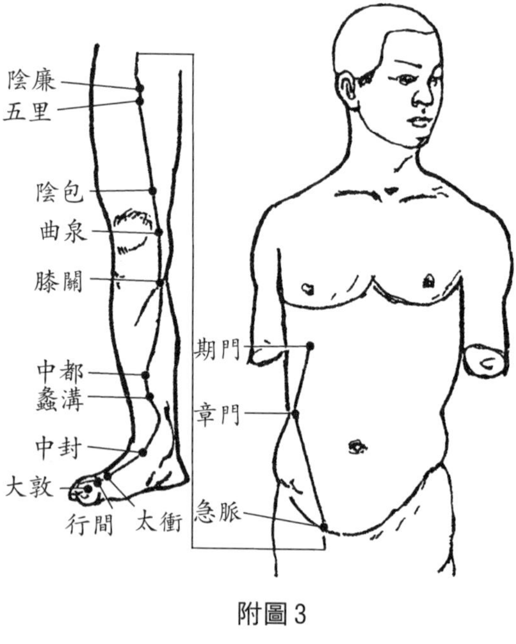
陰廉
五里
陰包
曲泉
膝關
中都
蠡溝
中封
大敦
行間
太衝
期門
章門
急脈

附圖 3

都雲。膝關曲泉陰包深，五里陰廉急脈純。章門期門終順暢，制怒常噓星月春。易學為震形如雷，能噓四野五酸均。為人頂禮拜天地，不如就近敬此君。

附圖4　足少陰腎經（共二十七穴）。

詠腎經詩訣：此經三九二十七，冬夏寒熱少陰喻。湧泉然谷照海月，水泉大鍾明太谿。復溜交信築賓客，陰谷橫骨大赫逼。氣穴四滿中註定，肓俞商曲石關急。陰都通谷幽門寨，步廊神封望靈墟。神藏或中拜俞府，經止咸悟坎吹謎。

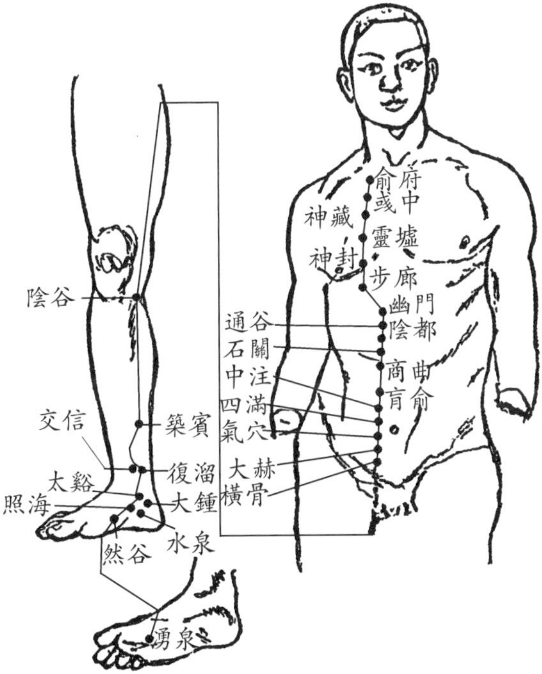

附圖4

附圖5　足太陽膀胱經（六十七穴）。

歌膀胱經詩訣：足太陽穴六十七，坎中為陽霧彩霓。睛明攢竹眉沖頂，曲差五處承光洗。通天絡卻玉枕連，天柱大杼風門虛。肺俞厥陰與心俞，督俞膈俞肝膽俞。脾俞胃俞三焦俞，腎俞氣海大腸俞，關元小腸膀胱俞，中膂白環十八俞。上次中下四名髎，會陽上望附分脊。魄戶膏肓神堂鎮，

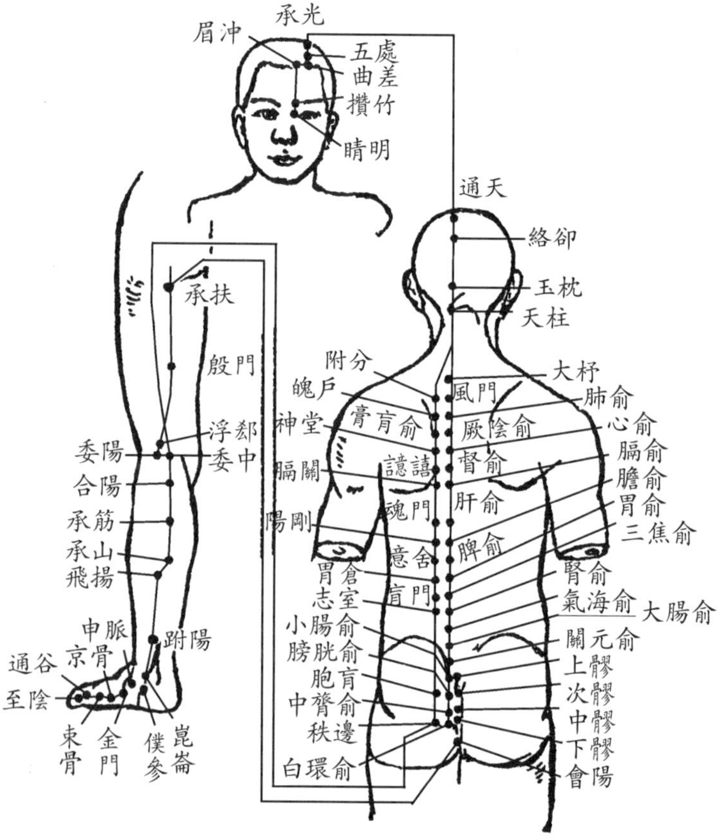

附圖5

譩譆膈關魂門取。陽綱意舍胃倉壯，肓門志室胞肓喜。秩邊二十一椎處，承扶臀紋中間咪。殷門浮郄委陽任，委中合陽承筋餘。承山飛揚跗陽動，崑崙僕參申脈裏。金門京骨束骨親，通谷至陰終透彌。吹咸連哈頭上沐，想通意守莫著急。

附圖6　足陽明胃經（共四十五穴）。

歌胃經詩訣：足陽明穴四十五，承泣四白

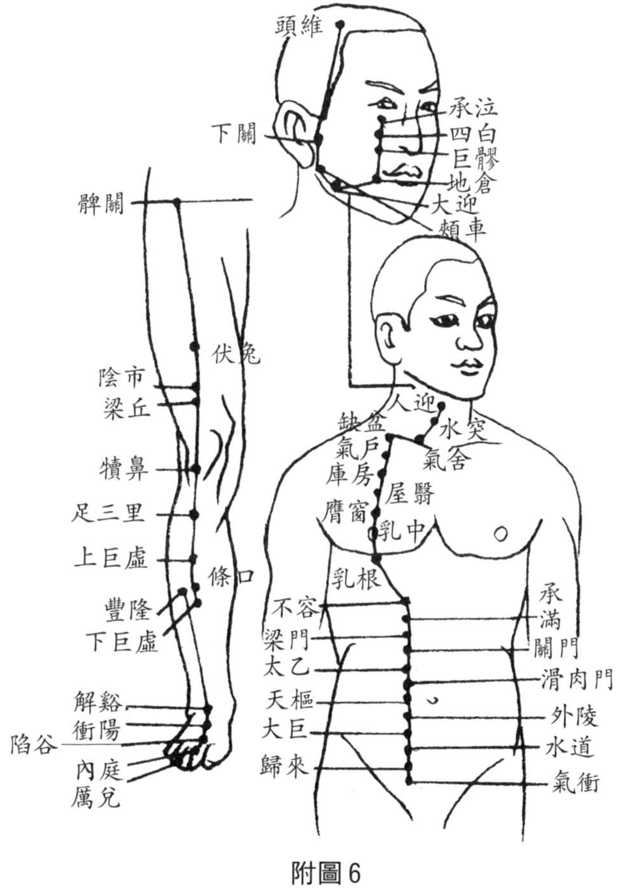

附圖6

巨髎悟。地倉大迎頰車起，下關頭維人迎補。水突氣舍缺盆象，氣戶庫房屋翳楚。膺窗乳中乳根通，不容承滿梁門撫。關門太乙滑肉門，天樞外陵大巨呼，水道歸來氣衝淨，髀關伏兔陰市伏。梁丘犢鼻足三里，上巨虛府條口舞。下巨虛上豐隆串，解谿衝陽走陷谷。內庭厲兌是終端，大趾次趾甲後鼓。八卦九宮艮中黃，後天之元歡呼舒。

附圖7 足少陽膽經（共四十四穴）。

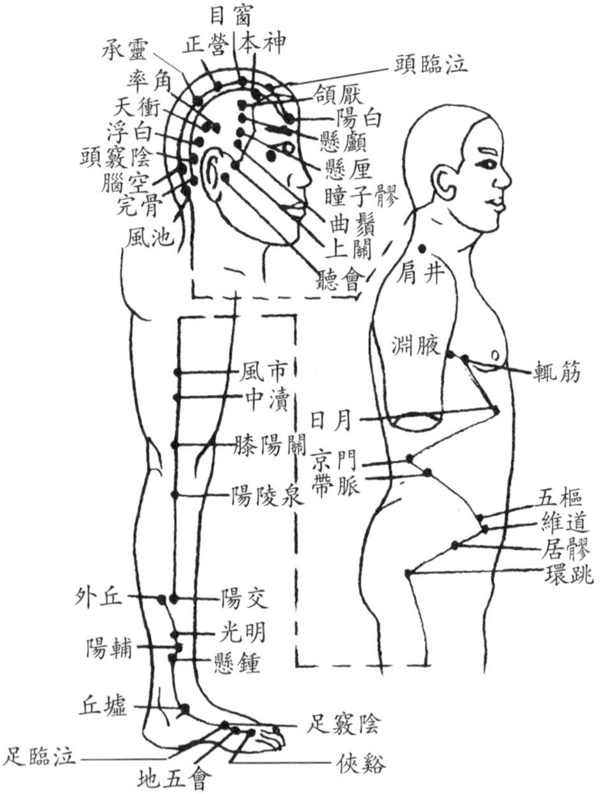

附圖7

歌膽經詩訣：足少陽經十一陽，為主神魄巽位藏。瞳子髎聽會上關，頷厭懸顱懸厘揚。曲鬢率角天衝去，浮白竅陰完骨昂。本神陽白頭臨泣，目窗正營承靈強。腦空風池肩井下，淵腋輒筋日月亮。京門帶脈五樞域，維道居髎環跳暢。風市中瀆漆陽關，陽陵泉穴陽交敞。外丘光明陽輔佐，懸鍾丘墟穴用常。足臨泣連地五會，俠谿足竅陰終像。本經忌風易石結，適酸噓呬哈悶唱。

附圖8　手太陰肺經（共十一穴）。

詠肺經詩訣：兌位易雲手太陰，中府雲門天府金。俠白尺澤孔最少，

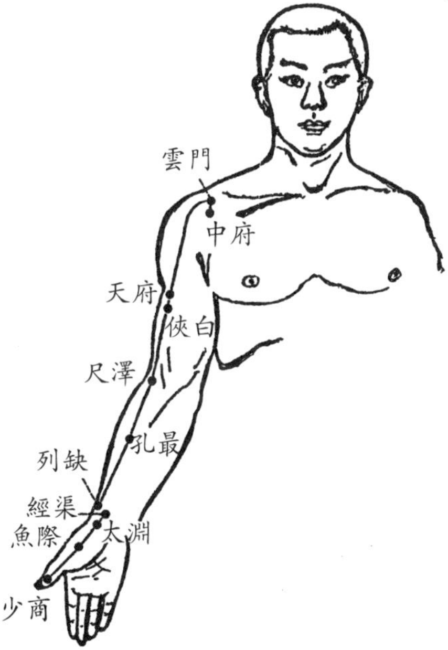

附圖8

列缺經渠太淵深。魚際少商似線葉，大指拇端外側跟。秋呬最忌聞口耳，吐納辛鳴出慧人。

附圖9　手厥陰心包經（共九穴）。

詠心包經詩訣：此經位離陰中陰，常在臟中控火蘊。天池天泉曲澤掖，郄門間使內關伸。大陵勞宮中衝終，宜輸百勞累可呻。夏呵蘊悠音能震，不淤苦火悅如神。

附圖10　手少陰心

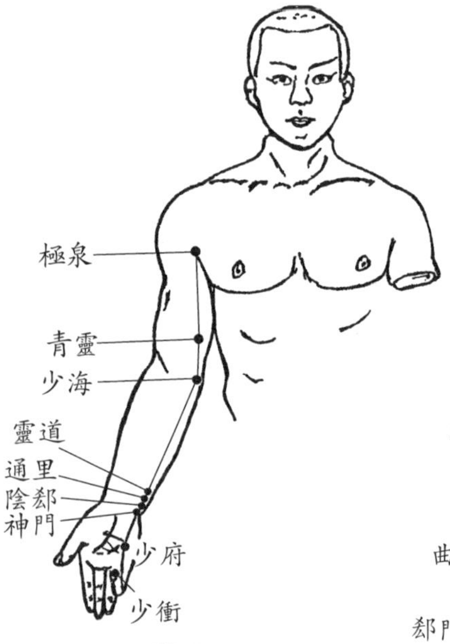

附圖10

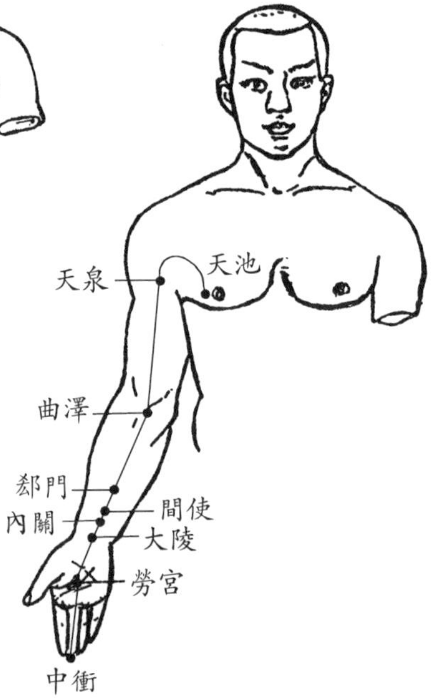

附圖9

經（共九穴）。

詠心經詩訣：離示心經天上火，浮在均布極泉根。青靈少海接靈道，通里陰郄開神門。少府少衝小指側，暢舒依律大學問。延齡夏呵平急緩，口苦眼赤宜調溫。

附圖11 手太陽小腸經（共十九穴）。

歌小腸經詩訣：此經在離陰中陽，一十九穴需暢強。少澤前谷後谿數，腕骨陽谷養老

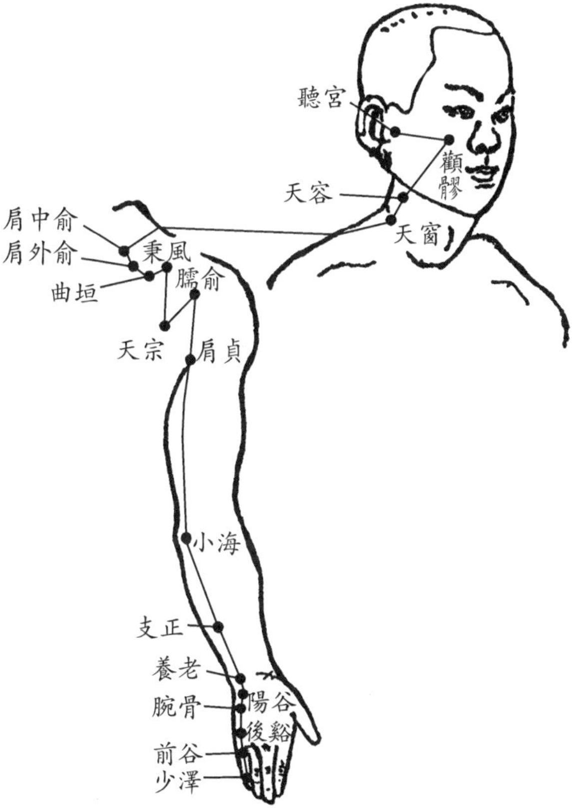

附圖11

方。支正小海肩貞輔，天宗臑俞秉風防。曲垣肩外肩中俞，天窗天容顴髎光。聽宮已是終止位，意會可達舌下香。其阻全因酸鹼亂，夏苦悠呵撫幫長。

附圖12　手陽明大腸經（共二十穴）。

歌大腸經詩訣：手陽明經是乾陽，與肺同卦自悠長。商陽二間三間動，合谷陽谿偏歷房。溫溜下廉上廉開，手三里處曲池香。肘髎

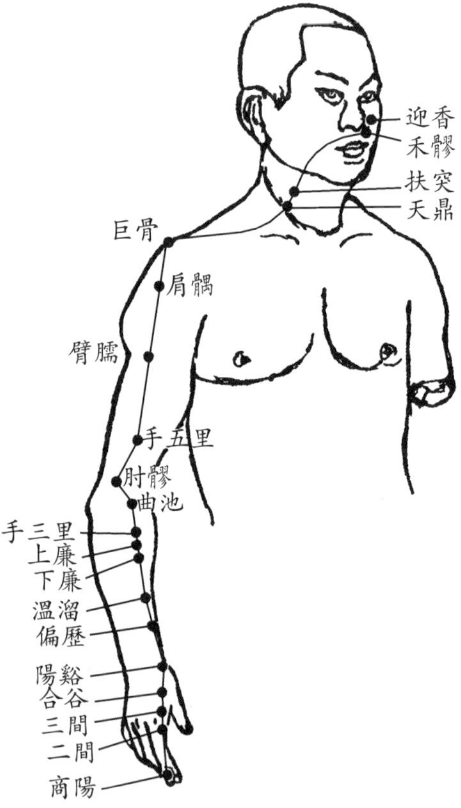

附圖 12

五里臂臑力，肩髃巨骨天鼎扛。扶突禾髎迎香盡，氣血運潤慢呬唱。二十五陽根則壯，微辛沉浮散白荒。

附圖13　手少陽三焦經（共二十三穴）。

歌三焦經詩訣：手三焦經離中陽，關衝液門中渚長。陽池外關支溝路，會宗三陽絡向上。四瀆天井清冷淵，消濼臑會肩髎常。天髎天牖翳風靜，瘈脈顱息角孫強。耳門和髎絲竹

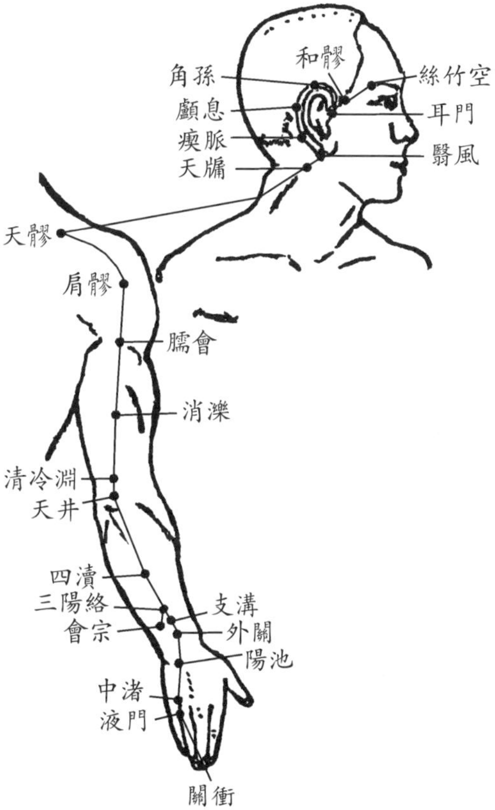

附圖 13

空，祉靜腸和清輸亮。此腑雖無器腑玄，卻關五常苦色忙。

附圖14　任脈（共二十四穴）。

詠任脈詩訣：任脈廿四是總陰，意統六臟助佳人。會陰曲骨中極力，關元石門氣海深。陰交神闕應慎娶，水分下脘建里新。中脘上脘呈巨闕，鳩尾中庭膻中音。玉堂紫宮現華蓋，璇璣天突廉泉雲。承漿方是真沐授，坤上坤下

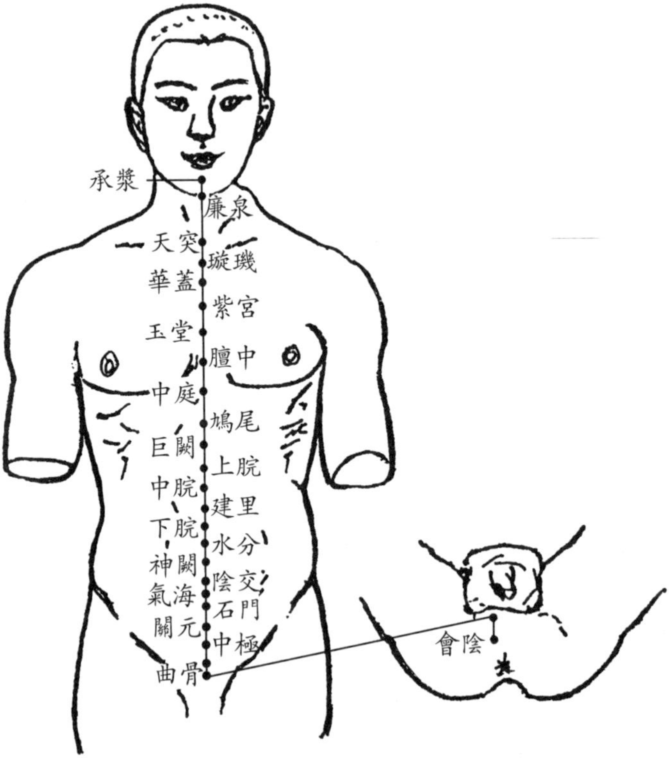

附圖 14

詠和養。

附圖15　督脈（共二十八穴）。

歌督脈詩訣：四七督脈歌天楚，真陽氣足統六腑。長強腰俞腰陽關，命門懸樞脊中數。中樞筋縮至陽在，靈台神道溯身柱。陶道大椎長啞門，風府腦戶強間布。後頂百會前頂宮，顱會上星神庭賦。素髎人中兌端和，齦交開口歌且舞。

附圖16　經外奇穴

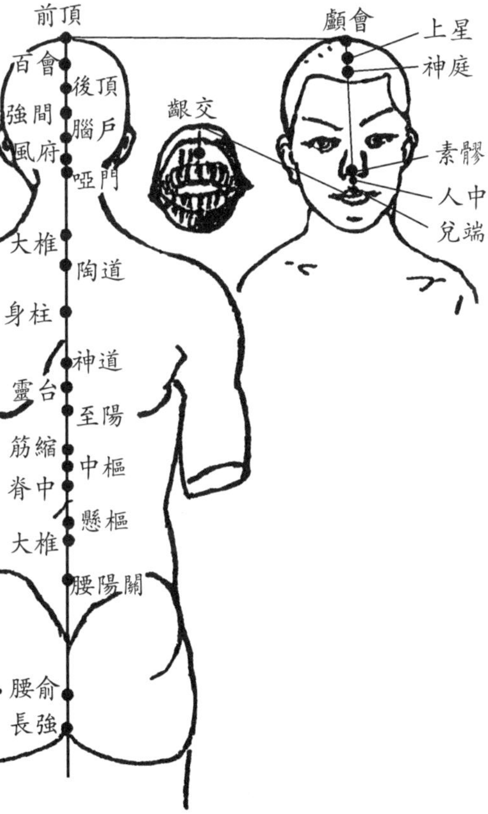

附圖15

（常用三十五穴）。本圖所示經穴，按傳統醫理亦分三部，即人部在手：十宣、四縫、二白、中泉、落枕、八邪、大骨空、小骨空共八穴；地部在足腹：八風、內踝尖、外踝尖、闌尾、膝眼、鶴頂、髖骨、子宮、維宮、三角灸、丹田共十一穴；天部在背項：環中、腰奇、腰眼、精宮、痞根、騎竹馬、氣喘、華佗挾脊、喘息、百勞、四神聰、印堂、魚腰、太陽、玉液、金津共十六穴。

詠經外奇穴詩訣（奇經新長恨歌）：十宣四縫二白國，中泉落枕八邪得。大骨小骨空長成，八風內踝尖未識。楊家外踝尖難棄，闌尾膝眼鶴頂側。髖骨子宮維宮生，三角灸丹田顏色。環中腰奇腰眼池，精宮痞根洗凝脂。騎竹馬氣喘無力，華佗挾脊喘息時。百勞四神聰步搖，印堂魚腰太陽宵。玉液金津舌高起，三十五穴難早朝。十宣掌端無閒暇，距指一米夜專夜。後紮放血中風人，熱病昏迷救一身。四縫手掌嬌侍夜，三棱點刺醉和春。男兒女兒疳積土，擠出黏液生門戶。二白筋藏能悅心，奇治痔瘡男與女。橫紋四寸識青雲，直刺分五處處聞。中泉治悶胸能竹，兼醫吐血氣不足。氣痛鬱怒動地來，凹陷取穴驚惡曲。落枕頭重怨煙塵，豈思內熱西南行。吃藥搖搖行復止，灸扎二三掌骨裏。八邪不去無奈何，疑神夢鬼痳攣死。手縫各四灸後收，解心化腫喜搔頭，大骨空穴拇背得，眼病針後血水流。卻風去痛亦蕭索，婦科縈行也登

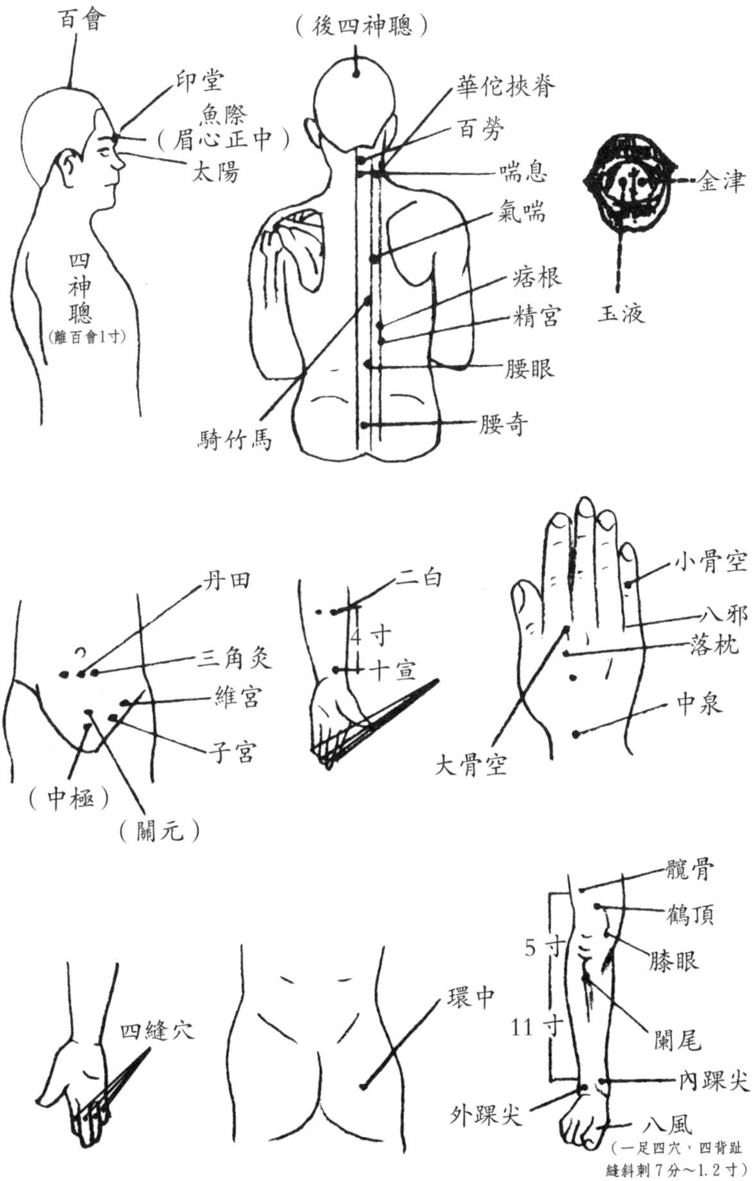

百會
印堂
魚際
（眉心正中）
太陽
四神聰
（離百會1寸）
（後四神聰）
華佗挾脊
百勞
喘息
氣喘
痞根
精宮
腰眼
腰奇
騎竹馬
金津
玉液
丹田
三角灸
維宮
子宮
（中極）
（關元）
二白
4寸
十宣
小骨空
八邪
落枕
中泉
大骨空
四縫穴
環中
髖骨
鶴頂
膝眼
5寸
11寸
闌尾
內踝尖
外踝尖
八風
（一足四穴，四背趾縫斜刺7分～1.2寸）

附圖16

閣。小骨空穴少人行，性讓心陽日色薄。掌骨一二數山青，眼清化痛暮暮情。八風在足傷心色，腳氣腫痲呼斷聲。天旋地轉癱龍馭，分陰化陽灸能去。內踝尖在骨突中，不拜崑崙空道處。牙痛轉筋淚沾衣，東望岐術信馬歸。外踝尖理皆依舊，太醫辨難陰陽柳。陰重陽邪皺柳眉，有解如何不淚垂？闌尾被灸微痛日，莫待開刀縫腸時，膝眼卻痛燒艾草，管叫寒風一齊掃。鶴頂專治寒髮新，加灸豈畏青娥老。髖骨屈膝垂足然，痛腫化卻自成眠。子宮下垂不調夜，消腫生髮欲曙天。維宮常對婦齡重，不灸宮垂誰與共？三角灸卻別經年，疝氣消邪不入夢。丹田道士鴻都客，善煉精誠致魂魄。環中療臀痛轉思，腰俞二穴殷勤覓。癰症悶昏忽如電，腰奇可灸求之遍。腰眼醫衰遠黃泉，婦科遺精皆不見。精宮壯男起仙山，椎旁三寸縹緲間。辭送痞根俯伏起，脊中扎淤躲仙子。騎竹馬錐遇太真，痛腫瘰癧參差是。金闕氣喘叩玉扃，胸脊二寸報雙成。華佗挾脊天子使，咳喘神經卻魂驚。喘息推枕扎徘徊，西闕銀屏迤邐開。百勞椎上新睡覺，淋巴結核下堂來。四神聰頂飄飄舉，頭暈癲癇莫湊曲。印堂玉容辭闌干，鼻患抽搐不帶雨。魚腰眉中瞥君王，一扎視物兩不茫。太陽淺刺面癱絕，兼顧頭重牙痛長。舌頭下望卷寰處，金津玉液見塵霧。止吐口瘡表深情，點刺出血急將去。圖詩一股合一扇，人命如金未分鈿。但教岐道金如堅，天人合一會相見。陰陽互維重寄詞，詞中有術兩心知。七陰七陽長生殿，調平元人忌語時。奇經常穴比翼鳥，遲誤總因妄分枝。未展天地人時盡，當恨綿綿無絕期。

（圖止詩歌終）

瞭解人體六陰六陽經絡圖，熟悉它，知道人體經絡走向，對自身的保健養生極為重要，望互勉。

孫氏鄭州系三十四代醫孫紀乾老人傳授。再傳外男繼光·德瀧·檀林整理

孫繼光（檀林）先生，釋名德瀧，中藥王孫思邈鄭州系第三十六代傳人。爲我國文學、醫學、武林界三棲的著名學者。現任中國保健科技學會專家委員、中國養生保健促進會副會長、中國紀實文學研究會常務理事副秘書長、中國作家協會會員、中國少林弟子國際武術院教育顧問、中國任丘孫思邈防治疑難病專利研究所所長、研究員。原任中國國際文化傳播中心副總幹事、中流雜誌社副社長。

2. 奇經八脈（仰臥式，雙掌自上而下輕摩胸腹，站立式發聲）

奇經，從字面解釋別於十二經運行軌跡和氣血循環系統，它不像十二經脈與十二

臟腑相配，如足少陰膽經與膽器官相配，手太陽小腸經與小腸相合。奇經另路奇行。八脈有任脈、督脈、沖脈、帶脈、陰蹺脈、陽蹺脈、陰維脈、陽維脈等，它的功能司職溝通十二經脈之間的聯繫，對十二經脈氣血營衛滲灌調節。

奇經八脈看不見摸不著，但能感覺到，如拳人以意導引任督二脈貫通小周天養生，奇經八脈以意念養生為佳。

【意念訣】

九天之氣運（動）奇經八脈，
活躍奇經八脈大小血管細胞，（重複）
九天之氣清洗、稀釋奇經八脈大小血管血液，
加速微循環流量，
清除血內病毒、毒素，
清除奇經八脈大小血管內垃圾、脂肪，排出體外，趕走病氣。

【站立發聲】

咦——唏——微——哈！

附二 奇經八脈簡圖

1. 任　脈

經脈循行路線：起於中極之下，以上毛際，循腹里，上關元，至咽喉，上頤循面，入目。

經脈病候：疝氣，帶下，腹中結塊等症。

2. 督　脈

經脈循行路線：起於下極之輸，併於脊里，上至風府，入腦，上巔，循額，至鼻柱。

經脈病候：脊柱強病、角

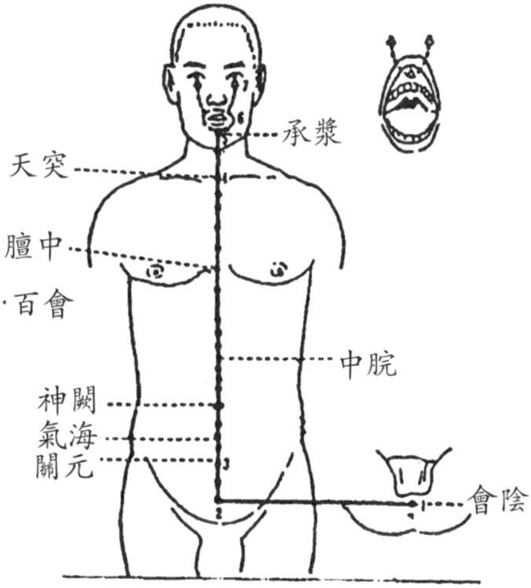

附圖 17　任　脈

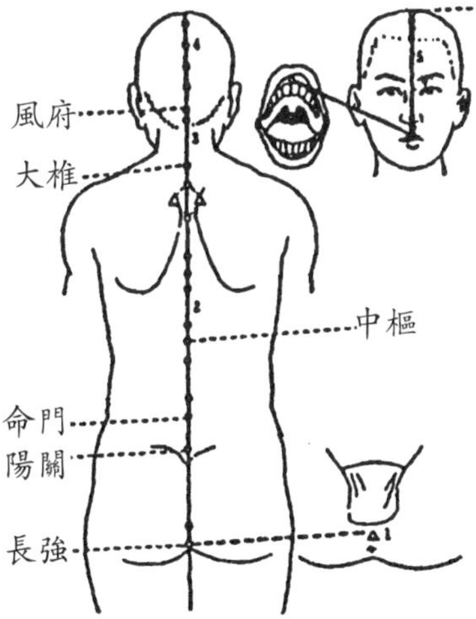

附圖 18　督　脈

弓反張等症。

3. **沖　脈**

經脈循行路線：與任脈皆起於胞中，上循脊里，為經絡之海，其浮於外者，循腹上行，會於咽喉，別而絡唇口。

經脈病候：胸腹氣逆而拘急。

4. **帶　脈**

經脈循行路線：起於季脇，迴身一周。

經脈病候：腹滿，腰部覺冷如坐水中。

5. **陰蹺脈**

經脈循行路線：起於然骨之後，上內踝之上，直上，循陰股，

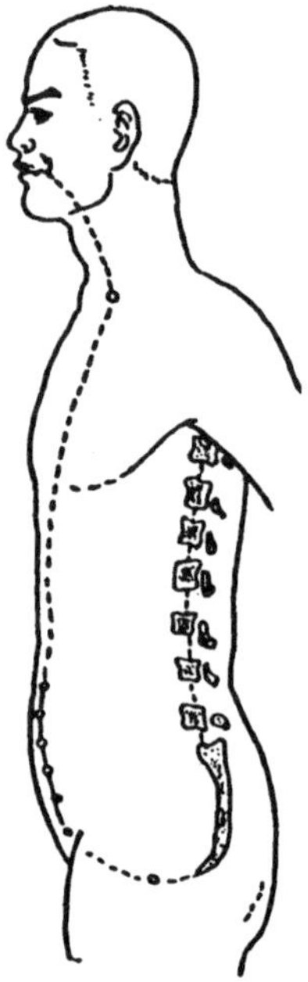

附圖19　沖　脈

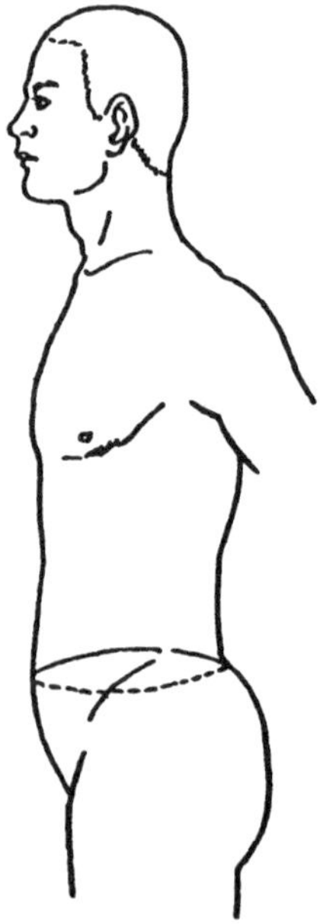

附圖20　帶　脈

入陰，上循胸里，入缺盆，上出人迎之前，入顴，屬目內眥，合於太陽。

經脈病候：多眠、癃閉等症。

6. 陽蹺脈

經脈循行路線：起於跟中，循外踝上行，入風池。

經脈病候：目痛從目內眥始，不眠等症。

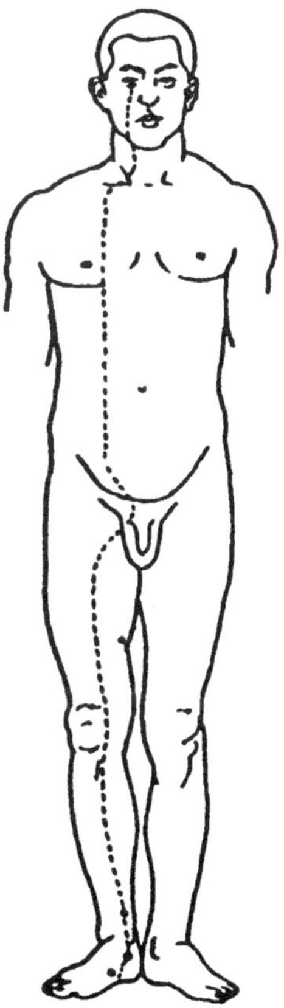

附圖 21　陰蹺脈

附圖 22　陽蹺脈

7. 陰維脈

經脈循行路線：其脈起於諸陰之交。

經脈病候：心痛，憂鬱等症。

8. 陽維脈

經脈循行路線：其脈起於諸陽之會。

經脈病候：惡寒發熱，腰痛等症。

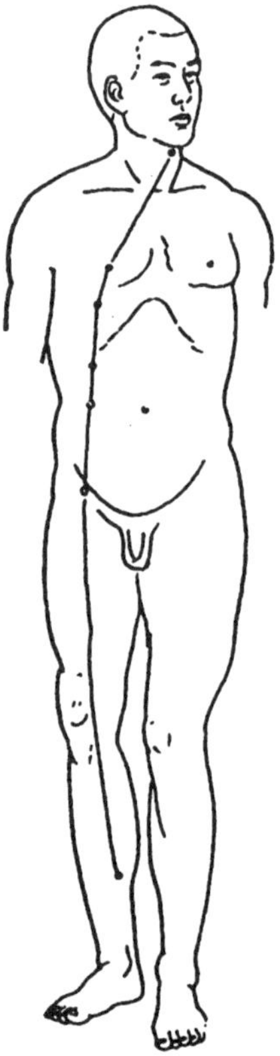

附圖 23　陰維脈

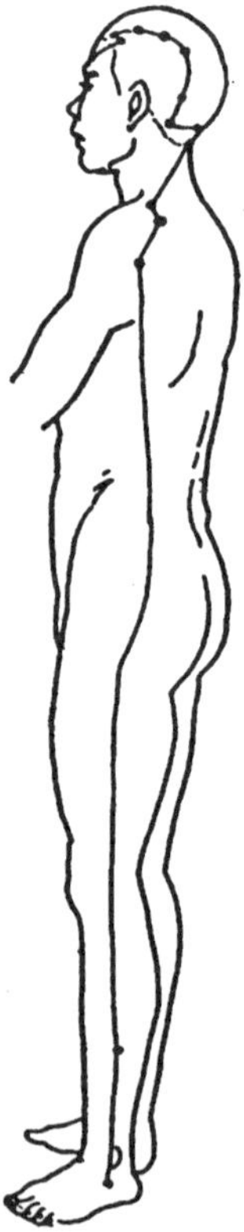

附圖 24　陽維脈

3.筋骨（仰臥式，以雙手自上而下輕摩胸腹，站立式發聲）

俗話說：「筋骨壯，身體棒。」要注意筋骨鍛鍊，如伸筋拔骨。鍛鍊的同時，要伴以間歇，防止疲勞。「傷筋動骨一百天」，所以，要知道自己的筋骨健康狀態，不可蠻幹。

做臥式默意念訣的同時，雙手輕摩胸腹。

筋和肉可以相配，許多肌纖維組成一個肌束，多塊肌束組成一塊肌肉。而筋骨是習慣叫法。肌肉中，筋無處不在。

骨稱骨骼，十分堅硬，在人體中起到支撐身體、保護內臟的作用。骨的成分是碳酸鈣和磷酸鈣，要隨時注意自己骨骼的異樣變化。

飲食方面要多食用大豆（黃豆），以防老年患骨質疏鬆症。常食大豆，它的蛋白質能增加骨的密度，增進骨骼健壯。食用大豆的同時，還要選食一些對骨骼有益的食品。但痛風、腎臟患者應不食或少食大豆。患乳癌正在治療者，少食或不食大豆。男孩在成長中少食大豆，恐長大影響生殖能力。

伸筋，從小到老不限年齡，拔骨在幼少年時期為佳，伸筋拔骨增強體質，但欲速不達，成年人要注意安全。筋骨保健要注意飲食，意念養筋骨也是最佳選擇。

【意念訣】

九天之氣運（動）筋骨，
活躍筋骨大小血管細胞，（重複）
九天之氣清洗、稀釋筋骨大小血管血液，
加速微循環流量，
清除血內病毒、毒素，
清除筋骨大小血管內垃圾、脂肪，排出體外，趕走病氣。

【站立發聲】

咦——唏——微——哈！

4. 肌肉皮膚（仰臥式，以兩掌自上而下輕摩胸腹，站立式發聲）

肌膚是肌肉皮膚的簡稱，皮膚約一·八～二毫米厚，皮膚由表皮、真皮和皮下組織三層組成，肌理細膩，平滑是人體健康美的主要標誌。皮膚有保護身體、調節體溫、排汗及排泄廢物的功能。

肌肉裏約有百分之二十蛋白質，百分之八十是水。肌肉由骨骼肌、平滑肌、心肌等三部分組成。骨骼肌為隨意肌，分佈於軀幹和四肢，收縮迅速而有力，意念可以控制。平滑肌屬不隨意肌，主要分佈於內臟器官和血管壁，意識難以支配，是心壁的主要屏障，是人身上運動最頻繁、最強韌的肌群。心肌隨心臟跳動而動，意識難以支配。肌肉由組織肌纖維組成。肌肉有神經纖維，在神經活動中影響肌肉收縮，引起關聯器官運動。同時骨骼肌是運動系統的動力部分，與骨協同提供身體運動的動力。

經常鍛鍊身體的人，肌膚可能因風吹日曬變得粗糙，但肌束組成隨意肌群看上去健康有力，給人一種強健自然的美感。

【意念訣】

九天之氣運（動）肌膚，
活躍肌膚大小血管細胞，（重複）
九天之氣清洗、稀釋肌膚大小血管血液，
加速微循環流量，
清除血內病毒、毒素，
清除肌膚大小血管內垃圾、脂肪，排出體外，趕走病氣。

【意念訣】

咦——唏——微——哈！

5. 十二指腸（站立式　發聲）

仰臥式，默意念訣的同時雙掌自上而下輕摩胸腹。

十二指腸長約二十五公分，呈C狀包繞著胰頭，位於小腸的第一段，上接胃下連空腸，胰腺與膽囊的開口都在這裏。

十二指腸起始部位稱為球部，內表光滑無皺襞，因直接與胃相連，胃酸濃度提高，是潰瘍的好發部位。

【意念訣】

九天之氣運（動）十二指腸，

活躍十二指腸大小血管細胞，（重複）

九天之氣清洗、稀釋十二指腸大小血管血液，

加速微循環流量，

清除血內病毒、毒素，

清除十二指腸大小血管內垃圾、脂肪，排出體外，趕走病氣。

【站立發聲】

咦——唏——微——哈！

6. 小腸（站立式　發聲）

仰臥式，默意念訣的同時雙掌自上而下輕摩胸腹。

小腸全長五～七公尺，比大腸細而長，上接胃幽門，下與大腸相連。小腸由十二指腸、空腸、回腸三部分組成。主要任務是消化食物，吸收人體的營養成分進入小腸的血液裏，再經腸靜脈流入肝門靜脈被輸送到肝臟，將食物廢渣輸送到大腸排泄出人體。人的意識難以指揮、控制小腸的活動，只能隨小腸自己的規律運轉。我們只能以意識去導引。

【意念訣】

九天之氣運（動）小腸，

活躍小腸大小血管細胞，（重複）

九天之氣清洗、稀釋小腸大小血管血液，

加速微循環流量，
清除血內病毒、毒素，
清除小腸大小血管內垃圾、脂肪，排出體外，趕走病氣。

【站立發聲】

咦——唏——微——哈！

7. 大腸肛門（站立式　發聲）

仰臥式，隨默意念訣以雙掌自下而上輕摩胸腹。

大腸是內臟器官腸的重要組成部分。大腸為總稱，它由闌尾、盲腸、升結腸、橫結腸、降結腸、直腸、肛門組成。

大腸上接小腸，下通肛門，吸收水分、維生素和無機鹽，沒有消化功能，可把消化後的食物殘渣形成糞便排出體外。

常言「十男九痔」，提醒諸君，為了防痔，請經常縮肛，便後清水沖洗。

【意念訣】

九天之氣運（動）大腸肛門，

活躍大腸肛門大小血管細胞，（重複）

九天之氣清洗、稀釋大腸肛門大小血管血液，

加速微循環流量，

清除血內病毒、毒素，

清除大腸肛門大小血管內垃圾、脂肪，排出體外，趕走病氣。

【站立發聲】

咦——唏——微——哈！

8. 腰椎（站立式　發聲）

仰臥式，隨意念訣以雙手自上而下輕摩胸腹。

腰椎有二十四塊椎骨（頸椎七塊，胸椎十二塊，腰椎五塊），還有一塊骶骨和一塊尾骨，以椎間盤、關節和韌帶相聯接形成。脊柱構成人體的中軸，是頭顱的支柱，參與組成胸腔、腹腔和盆腔。脊柱的椎管內有脊髓，有保護中樞神經，排走代謝物的功能。

人的精、氣、神與脊柱強健有關係。

腰椎養護有講究。

腰為人體活動之主宰。腰和脊椎健康，活動便靈活、敏捷。腰若有疾患，則令人痛苦不堪，故應加倍愛護和鍛鍊腰與腰椎。

活動方法有兩種：

(1) **墊腰法：**

仰臥，心神意氣平和，安安靜靜仰臥在床上（最佳為硬床，軟床效果欠佳），腰下墊一個大約一拳高的小枕頭，視舒適程度，立拳或平拳高，靜臥即可，時間個人把握，不得低於十分鐘，每日多次。（圖12）

(2) **收腰法：**

平臥，雙臂上伸，雙膝屈起，緊收腰部關節。腰部微起，往上節節緊收脊椎至大椎穴。然後雙腿恢復原狀，手腳盡伸對拔拉長。可根據本人體

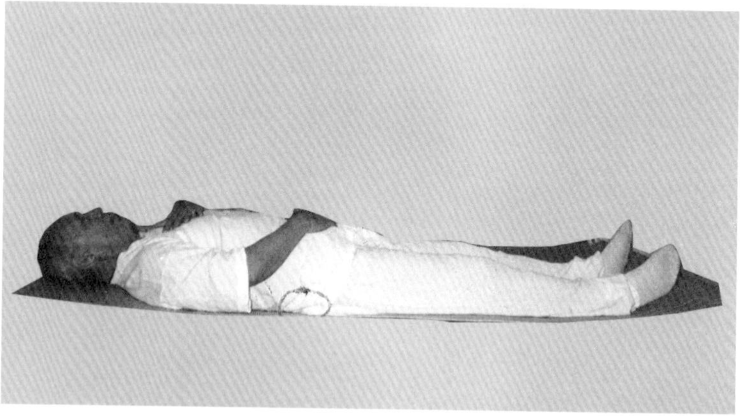

圖 12

力反覆做三十六次或仰臥式做仰泳雙腿收回的動作，以養護腰脊柱。（圖13）

9. 輕摩腰椎：雙人（夫妻互摩）

孩子吃喝不舒服了，大人往往給孩子在後背從上而下順摩，以協助通順。成年人、老人也會有在後背從上到下摩挲的動作。先不說自上而下摩挲能否去除疾病和不適，從動作上看似乎不妥。

奇經八脈的督脈，從後背走向起於會陰、長強穴，上經下椎、腰陽關、命門、脊中、靈台、身柱，經大椎至啞門、風府、後頂、上百會穴，上下一條線，從下而上循人體自然得以養生。

曾遇一位高僧，他給患者針灸後，均以手從長強至大椎按摩，以舒鬆周身筋骨，通暢氣血營衛，是上乘自我保健療法。

圖 13

【方法】

取坐位，協助者取站位，以左手沿胸前輕扶對方右肩，右手從對方長強始而上至頸椎按摩，四九36次為好，收治時，手掌畫圓圈而上，似金龍盤柱，最後輕拍肩背收功。（圖14）

俯臥姿：行動不便者或因病久臥床者可取俯臥姿。操作方法與坐姿相同，但一定要輕摩。

輕摩腰椎養生法為藥王孫氏家學承傳。

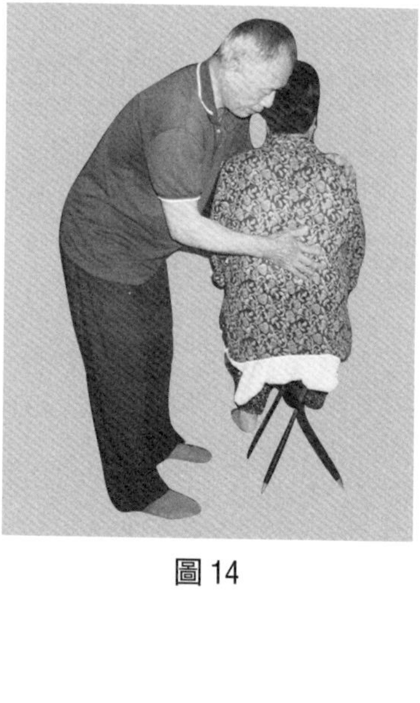

圖14

10. 單人養腰椎：伸延腰椎

站立床前，腳開兩肩寬，不可往後坐臀，不可貓腰，背呈平直形，向前彎成九十度直角。兩臂平伸，向前左右搖拔脊椎關節（從腰部至大椎，節節前拔貫串）。（圖15）

室外空氣新鮮的樹林中是最佳場地。

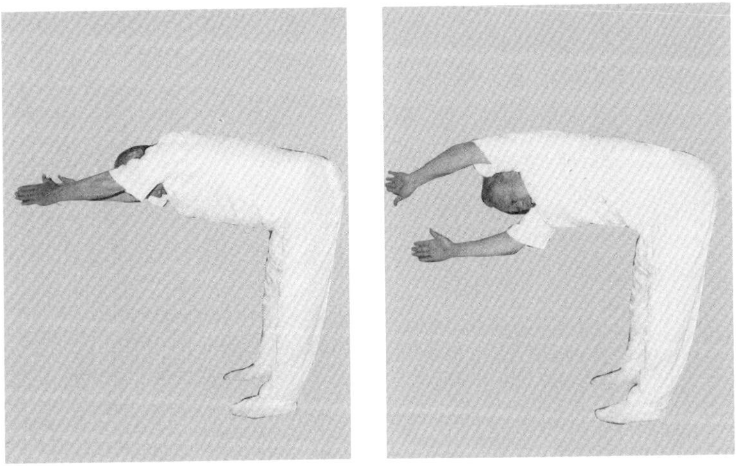

圖 15

11. 護養腰、椎、腎（站立式）

在公園選一安靜的小樹林或松樹、柏叢中，背向陽站好，兩腳一肩寬，轉胯回身可看見身後的樹木，注意空腰轉胯，兩眼平視，遠望樹林，近視松樹，深呼吸。（圖16）

注意習練要放鬆，從腳鬆到頂，盡可能鬆

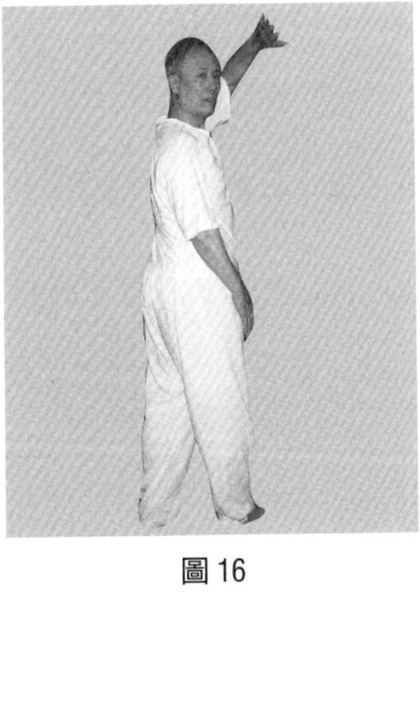

圖 16

胯，能正面看到身後的松樹。

【意念訣】

九天之氣運（動）腰、椎、腎，
活躍腰、椎、腎大小血管細胞，（重複）
九天之氣清洗、稀釋腰、椎、腎大小血管血液，
加速微循環流量，
清除血內病毒、毒素，
清除腰、椎、腎大小血管內垃圾、脂肪，排出體外，趕走病氣。

【站立發聲】

咦——唏——微——哈！
（有時間、有條件多練，室內亦可練）

養生二式

「抱虎歸山」和「下勢」是最能體現傳統太極拳之根本的拳理拳法的拳式，如「其根在腳」「形於手指」「大動不如小動，小動不如不動」。作者根據拳之理法悟得，應被動練拳，且應用「手動腳不動，腳動手不動」之心法。下面二式為養生式，久練必有大益。

(一) 抱虎歸山

單動為陰，雙動為陽。下同。

1. 兩掌前展（陰動，陰頂）

〔步型〕左弓步（左右腳距應同肩寬）。

〔方向〕面東。

〔方位〕正東。

〔實腳〕左腳實（周身重量在左腿）弓步，收吸左右腹股溝。

〔虛腳〕右腳虛著地，虛淨不負擔支撐身體重量。

〔實手〕右手實，俯掌（掌心向下），舒展指梢不著力。

〔虛手〕左手虛，俯掌，臂、腕、掌不掛力。

〔意念〕空腰。

〔視線〕注視左右兩掌中間。（圖17）

圖 17

2. 兩掌展開（陽動，陽頂）

〔步型〕左弓步變右弓步。

〔方向〕面東、面南、面西南隅位。

〔**方位**〕正東位，正南位。

〔**實腳**〕左實腿弓步變轉為右實腿弓步。

〔**虛腳**〕左腿虛，不可強直。

〔**實手**〕右實手俯掌，隨左右腿重心的變化，外弧輕扶從正東左腳正線，依次向東南、南、西南、西運行，停於西位，完成一百八十度運行。

〔**虛手**〕左手掌心向下、指梢向東不動。

〔**視線**〕順右掌食指梢遠望（陽動視線在前，手追視線）。

〔**意念**〕空右腕。（圖18、圖19）

「兩掌展開」不是刻意去展開兩臂，而是鬆左腿，鬆右腳，收吸右腹股溝，「其根在腳，形於手指」，鬆腳，反映在展開的雙掌。不能有兩掌伸開之動意，如有動意，腰、肩、肘、腕、手

圖 18

圖 19

均形成僵緊狀態。兩掌鬆展，鬆肩垂肘空掌，體味出太極「味道」和「韻味」。

3. 兩掌上掤（陰動，陰頂）

〔步型〕右弓步。

〔方向〕面西南，面南。

〔方位〕南位。

〔實腳〕右弓步變轉為自然步，右腳下為八方線中心點。

〔虛腳〕右腿弓步，右手運行至隅線（西南），左虛腿上步成自然步。

〔實手〕右掌實手。左右兩掌上弧舒展變轉為上掤左右掌交叉，左手在外，掌背相對，指尖向上。

〔虛手〕左掌虛。

圖 20

圖 21

〔視線〕目視右手食指梢，隨左右手交叉，注視左右兩腕交叉上方。

〔意念〕空腰。（圖20、圖21）

注意：左右掌相合，鬆腕，空手。右掌外上弧運行到西南隅位四十五度，左腳自然前上步，漸立身不可主動上步。運行中，手腳齊動，手動腳不動。陰頂虛靈百會部位。

4. 兩腕交叉（陽動，陽頂）

〔步型〕平行步。

〔方向〕面南微仰。

〔方位〕正南位。

〔實腳〕右腿實坐步。腳下為八方線中心點。

〔虛腳〕左腿虛，虛坐步，腳尖虛著地不掛力。

〔實手〕右手實。鬆肩、垂肘，下弧輕扶，止於胸前。

〔虛手〕虛左掌，隨右掌鬆肩、垂肘落於胸前。

〔視線〕順左右掌交叉處遠視，隨掌落，平遠視。

〔**意念**〕空右掌。（圖22）

鬆實腳，節節貫串自下而上鬆至手梢，鬆肩、垂肘，左右肘鬆垂至左右肋部位，臉部在兩掌掌背中，屈膝成左右腿坐步。以鬆腰、鬆腕、鬆肩、垂肘完成此動。

左右掌下垂時，指梢留下，兩腿鬆坐，陽頂即囟會留下（民間稱囟腦門）。

關於八方線

八方線是傳統太極拳承傳下來的表示方向方位的八條線，即四正、四隅八條線（圖23）。八方線技藝，是傳統太極拳把握方向方位的必修課，因為傳統太極拳極為重視重心，以立柱式身形理論貫串體用結合行拳和技擊。最忌雙重，而雙重僅僅是過渡步，拳架始終以

圖22

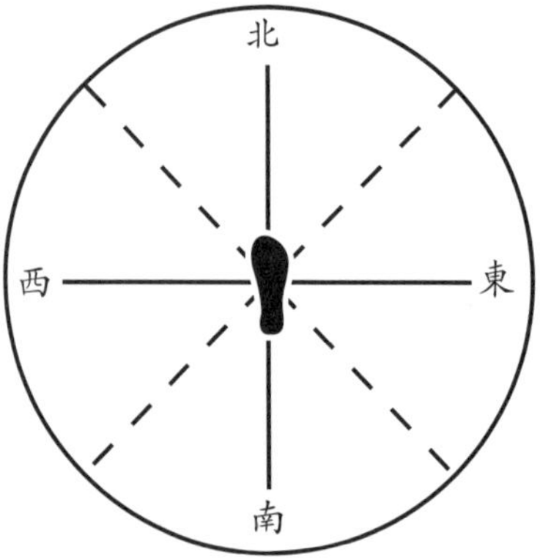

圖23

單腿立柱式身形行功。八方線中心是拳者重心腳的位置。先賢楊露禪說「站住中定往外打」，單腿立柱式身形，進可攻退可守，合理利用空間，運用自如，拳法清楚，明白好學、易練。

(二)下勢

1. 右掌下捋（陰動，陰頂）

〔**步型**〕馬步，左側弓步。

〔**方向**〕面東。

〔**方位**〕正南——正東。

〔**陰頂**〕單動陰，意在百會穴。

〔**實虛腳**〕馬步（雙重），漸左腿實，左腳下為八方線中心點，右腿虛，右腳尖點地，腳跟虛起。

〔**視線**〕單動為陰，視線追手，視線隨右掌食指梢。

〔實虛手〕開始是單鞭式。左手立掌，掌心向東，右手虛鉤。隨即右手虛鉤漸變俯掌引視線，視線從正東向西轉注右手食指梢。左掌虛，俯掌不動。右掌鬆肩垂肘自然鬆落（手動腳不動），掌心向內運行到右膝前，隨右腿鬆虛，鬆轉右胯（腳動手不動），左腿坐步（腳不動手動），左臂鬆肩，右掌循上弧與左掌合，左右掌掌心相對。右腿虛淨，空右胯。

〔意念〕空腰（以自己的理解空腰）。

（圖24—圖26）

〔身形要素〕傳統太極拳諸式均為養生式，「下勢」為養生大式，最具「其根在腳，形於手指」之特性。常練此式，自然能悟出靜極生動，動靜相兼，內外雙修之奧竅。

圖24

圖25

2.兩掌舒展（陽動，陽頂）

〔步型〕左腿立長身——左腿坐步——馬步——右弓側步。

〔方向〕面東南——面西南——面東俯視。

〔方位〕東南——正南——西南——東南。

〔陽頂〕雙動為陽，意在囟門穴（前頂）。

〔實虛腳〕由左腿重心漸變馬步，再變轉為右弓側步，右腳下為八方線中心點。左腿虛淨，腳尖向南點地，腳後跟虛起。

〔實虛手〕手隨腳下陰陽變動，變俯掌，外弧輕扶，隨右腳後跟落地，右腿（腳）實，從東南隅位沿弧形線向南、向西南隅位運行。隨後鬆右腳，右腿（腳）實，左腳虛，腳後跟落地，向前轉右胯，鬆肩垂肘，左右掌俯掌，循下弧向東運行。

〔視線〕手追視線，注視左掌食指梢。

圖 26

〔意念〕空腰。（圖27、圖28）

收勢

1. 雙掌上掤（陰動，陰頂）

〔步型〕右側弓步。

〔方向〕面西。

〔方位〕南正位。

〔實腳、實手〕左右手外弧旋轉輕扶上掤，右掌掌心向下。頭部從面東轉向面西，鬆左腿。右腿弓步實。

〔虛腳、虛手〕左虛腳虛淨，左腳後跟虛起，前腳掌虛著地，左掌掌心向下。右手虛鉤漸變俯掌引視線。

圖27

圖28

〔視線〕注視右掌食指梢。

〔意念〕空左掌。（圖29）

〔內功修練〕在操作中，凡左（右）掌為實手，掌指向遠處舒長，食指梢輕扶絕對不可著力。

圖29

2. 兩掌合下（陽動，陽頂）

〔步型〕自然步。

〔方向〕面南。

〔方位〕南正位。

〔實腳、實手〕從腳往上鬆至左右手梢，視線隨右掌向南收回南正位。鬆肩、垂肘，鬆左右腕，外弧輕扶，左右掌合在胸前，左右食指尖相對。

〔虛腳、虛手〕左虛腿收於右腳內側，自然步型。從雙腳往上鬆，頂上虛靈。左右手鬆垂，左右掌掌心向內。深呼吸三口氣後，左右腳雙重，鬆雙腳，向上鬆起鬆立，靜立調息。

〔視線〕平遠視。（圖30—圖32）

〔內功修練〕放鬆周身九大關節，手指、腳趾五十四個小關節，內心、神、意、氣靜，外示安舒，鬆淨，收小腹、腹、胸……周身不掛力，經絡、血液管道、氣道通暢。

圖30

圖31

圖32

幾種流行於公園操作方便的養生法

腳是根，從腳開始。

(一)人體衰老從腳始　保健不能忘腳趾

一雙腳，對於我們人類來說太重要了。人生一世不停地站立、行走，是腳底下的功能和功勞。又有「人老先從腳下老」的說法，因為腳在人的一生中過於勞累，所以每個人都必須重視、注意腳部保健。

足保健關係到周身上下肢體以及臟腑的總體健康，足有三陰三陽經：

足三陽經：足少陽膽經（4趾）；足太陽膀胱經（小趾）；足陽明胃經（2趾）

足三陰經：足少陰腎經（湧泉）；足太陰脾經（大趾）；足厥陰肝經（大趾）

奇經八脈：陰蹺脈、陽蹺脈、陰維脈、陽維脈等脈均始於足下，上行至頭部。

以上中醫常識告訴我們，健康應從足下始，練功習武亦應從足下築基功習練。防止足衰老，雙足應經常處於放鬆狀態，十個腳趾，每個趾關節都應鬆開，且節節放鬆。坐姿或走路，雙足要平鬆落地。自己盡力活動腳趾，在鞋裏亦要隨時不斷活動五趾。晚間以熱水燙腳，然後以手幫助活動腳趾，橫向旋捏為最佳。

坐姿以大拇指和食指扭旋腳趾，從大趾到小趾逐個扭旋，左右互換。經常旋捏腳趾，足三陰三陽經脈營衛，通順舒暢，有不言之妙；亦可止耳鳴。但貴在堅持，不妨試試。（圖33）

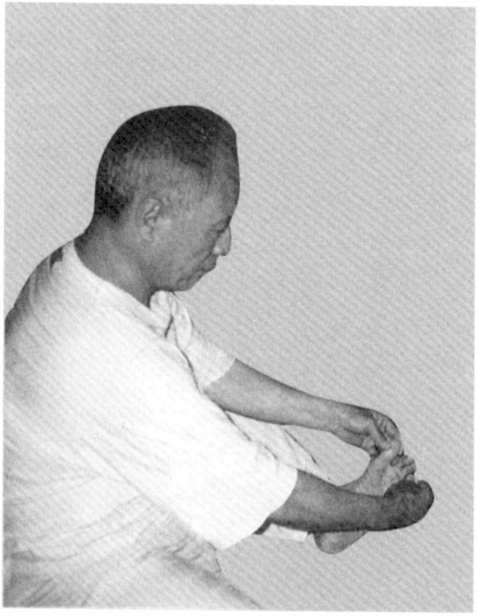

圖 33

㈡旱地仰泳式養腿法

此床上保健法很簡單，也可稱之為仰式旱地蛙泳。其練法是，仰臥於床，雙腿左右擺開，上提膝至極限，再向下蹬踹，並迅速使雙腳腳心相對。然後，速上提膝到極限，再向下蹬踹。一組往返九次，體力好可做四組，三十六次。

此法，強壯左右大腿，左右胯、腰、脊椎等部位也能得到極好的鍛鍊。（圖34、圖35）

㈢旋腳踝放鬆法

我們周圍有許多朋友由於上下樓，走路遇上小坑小窪的一不留神便崴腳。腳踝腫無法走路，一兩個星期才能康復，頭兩天生活不能自理，多麼討厭。

告訴您個辦法，每天起床前上下活動腳踝，左右搖動轉踝，方法很簡便，但要堅持。

【方法】

1. 上下活動腳踝：屈膝將雙腳抬起，兩腳

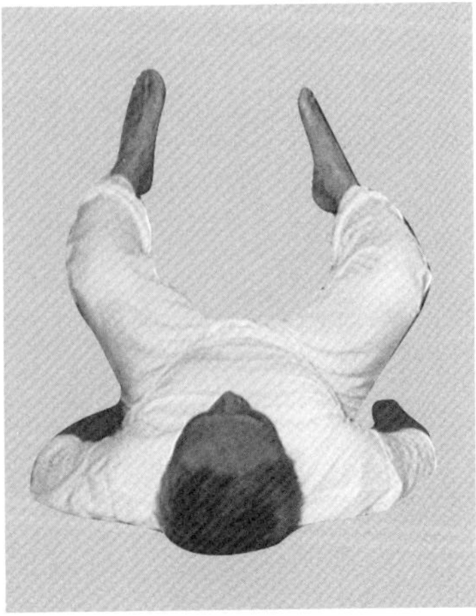

圖34　收

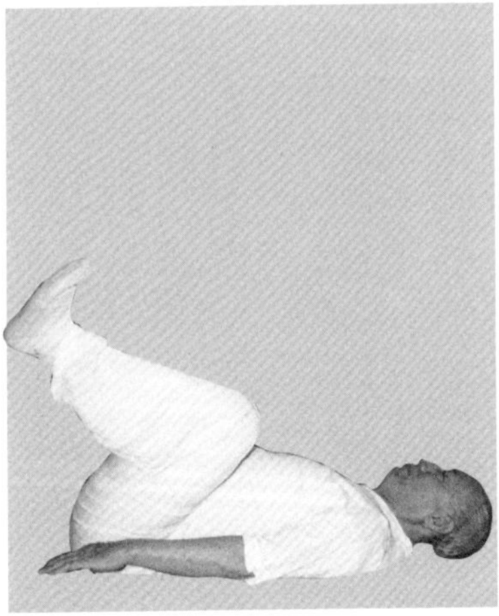

圖35　蹬

上下活動，但小腿不動為佳。（圖36）

2. 左右搖轉腳踝：上下活動腳踝後，兩腳左右搖動轉踝，左轉變右轉。注意不要小腿跟著轉，開始時單轉腳踝困難，熟練後踝可轉動自如。（圖37）

練活動腳踝之前，先長長地伸個「懶腰」，意在將休息一夜的筋骨舒鬆開，周身有一種不可言狀的舒服感。

㈣愛膝、養膝、護膝

雙膝在人體直立、走、跑、坐、臥等活動中的作用顯著，膝對於人類甚為重要，一定要善待。如何善待呢？經常揉膝、輕輕拍打或在雙膝抹點舒筋活血的中藥藥酒會感覺舒適。

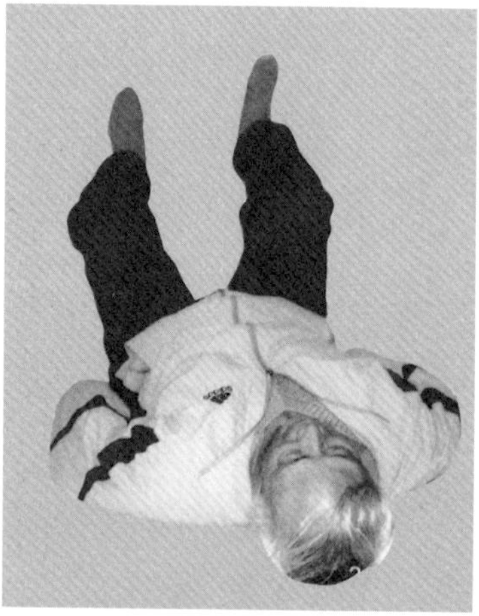

圖36　上下活動腳踝

圖37　左右擺轉腳踝

冬季注意保暖，運動時，勿使膝過於勞累，隨時坐下休息，使雙膝的勞累得到緩解。在公園常見有人練功屈膝過腳尖，膝過於負重，對膝的保健欠妥。屈膝動作，以不負重為好，腳與膝處於垂直線上，以腳負重減輕膝的負擔。

周身關節有病患，以膝最為麻煩，護膝、養膝不當有可能患關節炎、類風濕、風濕性關節炎甚至危及心臟。

民間保膝、護膝、愛膝、養膝的妙法不少，現介紹以下二法：

(1) **揉膝——**

兩腳平行併攏，屈膝成下蹲式，雙手輕放於左右膝之上，順逆時針左轉右轉互換揉動，次數多少不限。最好起床後稍事活動，即進行揉膝運動，然後行走、運動，雙腿極為輕鬆。

(2) **活動膝後膕窩——**

足三陰三陽經脈均從膝經過貫穿全身。膝後膕窩有委中穴和委陽穴，足太陽膀胱經從以上兩穴通過。活動膕窩有舒通經脈、氣血營衛、防滯阻淤之作用，久練有抑制和預防腿癱之功效。

【方法】

在公園尋找椅背以方形有棱角的座椅為好，將單腿搭實，上下輕鬆擺動，以刺激委中、委陽二穴及膕窩的經脈、血管、氣道。圓形橫槓效果次之。左右腿互換。

在家中可倒坐在直形靠背椅上，單腿或雙腿搭於椅背，雙腿上下擺動，用手輕扶以保安全。（圖38）

如果有患者臥床，請家人代其用手摳捏膝後膕窩效果相同。

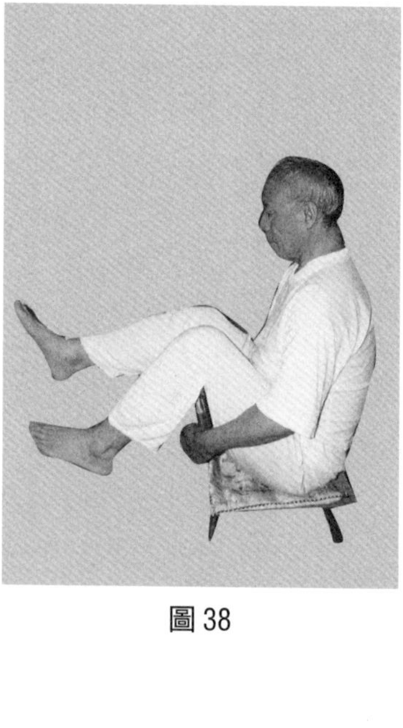

圖38

㈤閒時輕揉小腿肚

經常輕揉小腿肚，是保健、養生也是毅力鍛鍊。腿肚子在全身所占比例不大，但位置重要，經歷「腿肚子轉筋」的朋友知道痛苦的滋味，不轉筋有時將小腿肚子抽平，此患加倍疼痛難耐。

閅時左右兩掌抱小腿肚子上下輕揉或以手托小腿肚子左右旋轉輕揉，效果很好，請試驗。經常揉腿肚子，疏通經脈氣血營衛保健，可加強小腿力量。（圖39）

有體力可踢腿，壓腿，提膝前後轉膝，轉胯，以上練腿應左右輪換練習。

圖 39

㈥自我保健腰痛症

腰痛似乎是每位老人的常見病。中青年者勞作時用力不當也可能發生扭腰、閃腰、抻腰等腰部疼痛症。及時請醫生診治，取針灸、按摩、貼膏藥等療法，腰部疼痛幾天後可以消退。但老年人的腰部疼痛，病史較長，一時難以治癒，需要細心察驗，找出痛點。

自我鍛鍊自癒療法如下：

⑴站立，雙手掐腰兩腳相距一肩寬，先左後右儘量扭動腰肢向後看，扭到痛點

止。

⑵揉腰俞穴：左右兩手握拳，以大拇指背輕揉腰俞穴，左大拇指向右揉，右大拇指向左揉。要堅持每日隨時揉，以減痛為準，短期難有療效。（圖40）

圖40

㈦頸椎病

各行各業均有頸椎病患者，久坐辦公室，化驗台，微機患者多見，不是不治之症。頸椎病十分討厭且麻煩。病疼可以忍受，但脖頸轉動失於靈活，手麻影響行動，很不方便。

筆者二十幾年前患頸椎病似落枕，求治中醫骨科，牽引、按摩向民間專門家、氣功師求治過，手麻頭暈不見好轉。最討厭的是，要隔天去醫院搬頸矯正或牽引，雖然公費但耗時勞神很是苦惱。

醫生介紹頸椎病為多發病、常見病，久坐不改變姿勢，像常低頭操作、伏案寫字、缺少活動，頸椎就生出病來，一時難以治癒，苦惱著病患者。

二十世紀七〇年代末有機會去四川遊峨眉山，筆者也歪著脖頸去爬山。夜宿洗象池遇一道士，他問我脖子不舒服是吧？我告訴道長，患頸椎病已有十年之久，多方求醫均效果不佳。

道長：「無量佛，你這算什麼病？」

筆者斗膽向道長求治，以解我的病痛之苦。

道長：「施主想根治還是留點根，以消遣解悶兒。」

筆者：「您老人家很是幽默，當然求以根治，請您大發慈悲。」

道長起立做示範動作，這功法一說就明白，一學就會，一看就懂了，極易操作。臨別道長說道：「自己練去吧，一世無礙。」

仙長說罷飄然而去。

從此筆者每天習練道長傳授的功法，不多時日頸椎病痊癒，真正是自己操作能治好病。後來我向周圍朋友傳授此法，得到回饋，凡練此功者，頸椎病一去不返。朋友再傳朋友約數百人受益。無病者每天練此功法可以健體強身、祛病延壽。

【操作方法】

雙腳平行站立，相距一肩寬；雙手從前下而上劃一弧形，高伸豎直位停止，掌心向外，同時低頭至極限。然後雙臂循原路線下落往後甩伸至極限，同時仰頭。往返上下多次重複。（圖41、圖42）

在公園空氣新鮮處習練為佳，室內、辦公室亦可，次數不限。

㈧旋捏手指

手指二十八個小關節，節節活動常旋捏也是太極拳手指鬆功的習練法。

愛護掌指要經常活動手指小關節，每天拉捏，旋捏保健按摩，有利健腦，安

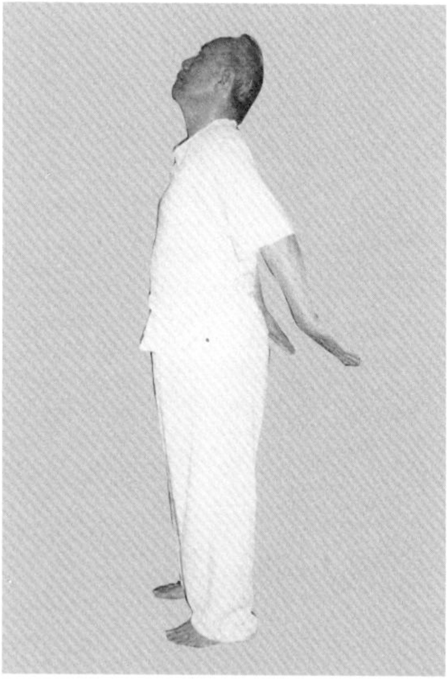

圖 41

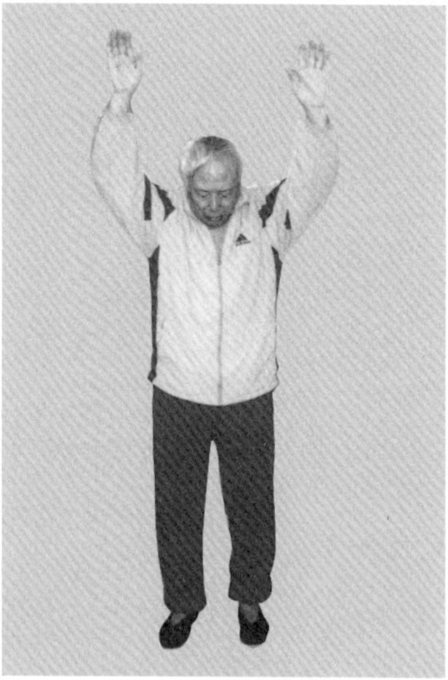

圖 42

神。

【操作方法】

右拇指、食指、中指等三個手指相對，捏住左手一個手指的小關節，橫向旋捏。因為人類手指豎向張合從幼時就會，成人後已成習慣，而手指不會橫向旋轉，它的功能漸漸減退，手的三陰三陽經絡不順暢，易引起手指不健康，進而影響人的總體健康。這時雙手要互助，左手旋捏右手手指，右手旋捏左手手指，從拇指到小指逐一旋捏，以旋捏關節部位為佳。（圖43）

前邊已向讀者介紹了手上的三陰三陽經絡，旋捏拇指通暢肺經，旋捏食指通暢大腸經，旋捏中指通暢心包經，旋捏無名指通暢三焦經，旋捏小指通暢心經和小腸經。每天堅持至少對手上的經絡旋捏一遍，有空閒時間想起來就旋捏，次數越多越好！

活動手指的方法很多。每早醒來伸罷懶腰要緊握雙拳、鬆開；緊握、放開數次，使休息一夜的兩掌充血熱脹，解除關節僵緊，手功能恢復正常。還有二法：

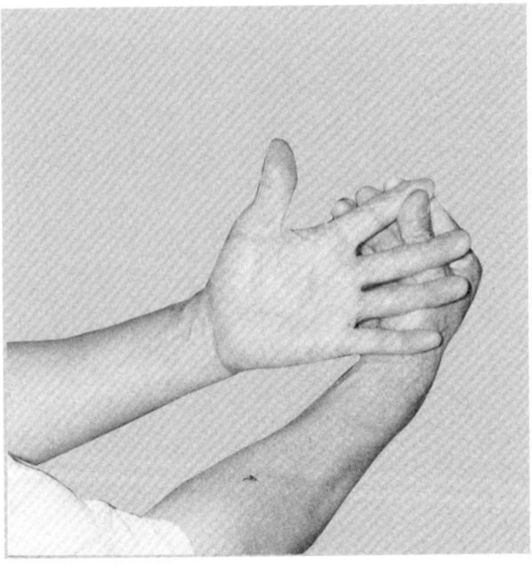

圖43

1. 拉捏法

以拇指和食指操作，從拇指始逐指拉捏消除指勞累。左右手互換，操作時除了捏拉，也可以加上掀拉捏法。

2. 旋捏法

左右手互換，兩手拇指和食指操作，從拇指逐個扭轉、旋捏，被旋捏的手指上下半圓為度，每天旋捏數次。旋捏手指以防止因勞動過度手指變形。

㈨ 經常搓手背保健康

手是人的第二張臉，人之手經常勞作，受日曬時間長，人們往往忘記維護。特別到中年以後，手背表皮老皺不雅觀，經常搓摩，有益手背皺皮舒展，恢復以往的彈性、細膩和柔潤。

【操作方法】

左右手相互搓摩，從食指向小指根向往返數次，閒時想起來多搓摩。（圖44）

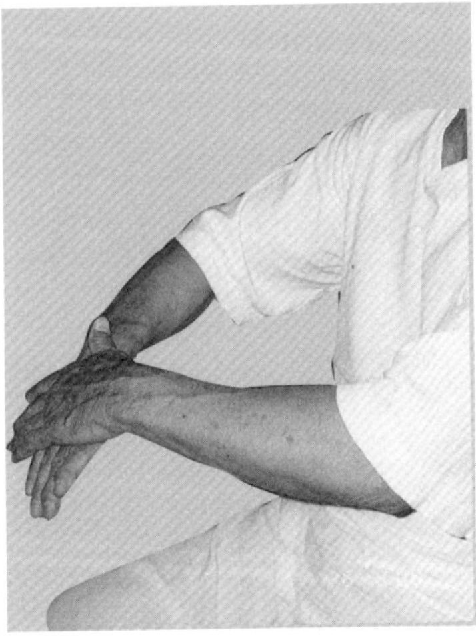

圖44

㈩捏人中緩解抽筋

很長一段時間，社會上不同品牌的補鈣保健品使人眼花繚亂，似乎我們成為一個缺鈣大國。

缺不缺鈣應該到醫院檢查，遵醫囑用藥，亂補並不高明。人的健康狀況不同，服藥的劑量也應有異。

抽筋也不一定是由於缺鈣。造成抽筋的原因很多，如游泳前準備活動不足，突然下水遇涼，腿易抽筋；過於疲勞，動作不當也可能抽筋。

後來請教一位高僧，他介紹二法：

1. 抽筋時不要急，以拇指和食指緊捏人中，可緩解。

2. 兩腿微收，以左右兩大趾輕輕向上、向後回收，也會解除抽筋。（圖45）

㈩保健小方法

1. 捏掐腋窩：

捏掐、按揉、輕摳腋窩是最簡便的增強心肺功能，延緩衰老的保健養生妙法。腋窩揉捏促進上肢的血液循環，免生淤阻之患。

腋窩是頸、胸與上肢連接的重要部位。腋窩有眾多的大小血管、神經和淋巴結。心經和肺經兩條陰經也通過腋窩，所以經常捏掐、按揉、輕摳腋窩，有疏通經絡，通順氣道、血道，為氣血營衛無淤無阻創造條件，促進體液循環，加快新陳代謝，將體內的尿素、尿酸等各種代謝雜物及時排出體外，有助延緩衰老，促進周身健康。

腋窩部位的淋巴結比較豐富，淋巴結對維護人體健康是至關重要的，要隨時注意腋窩周邊淋巴結有無腫大。淋巴結腫大有淤痛感要去診看。

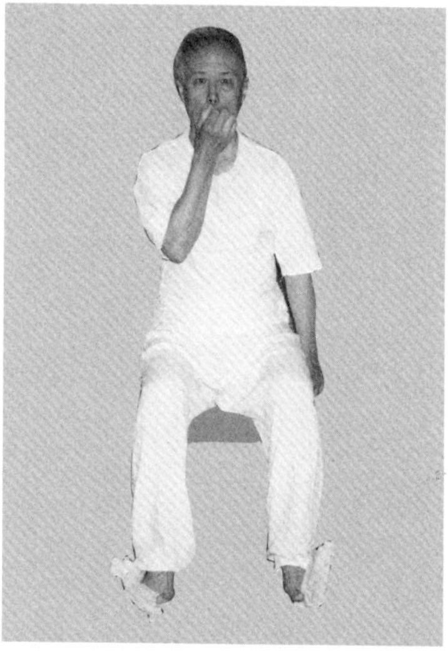

圖45

2. 放鬆小指：

放鬆小指是傳統太極拳深研中出現的功夫。太極拳深研者均有此功夫互相提示。小指是手少陰心經和手太陽小腸經一陰一陽兩條經絡的起始點。經常放鬆小指，通暢心、小腸陰陽二經，胸腹有通暢感，臟腑營衛不淤不阻，氣通精神爽。經常放鬆小指，是少生病、延緩衰老的養生妙法。

3. 中國人常說「十男九痔」，人患了痔瘡很麻煩。保健法簡易，每天便後以冷水清洗，即可預防生痔。

因為直腸、肛門毛細血管較多，由於運動不夠，血液循環機制弱，久之血液難以回流集結為痔。以冷水刺激，啟動存結血液，迫使其回流，從而痔消病除。此法不可急，日久可成功，每日多次伴以縮肛為上乘妙法。

4. 每天早晨空腹喝一杯冷白開水，以清洗腸胃，排除動靜脈血液中的垃圾、脂肪。每天要主動喝水，夏季上午飲綠茶，下午飲菊花茶有益身心健康。優酪乳，能維持人體細菌平衡；牛奶，可提供人每天所需要的蛋白質、脂肪和維生素。

5. 從立春到立秋，早餐後含一塊鮮薑，以軟化血管。

6. 晨起不要過早外出，報載警示：

大多數愛鍛鍊的人都有晨練的習慣。但清晨並不是中老年人較適宜的鍛鍊時間。首先看看外界因素：一是植物在夜間也吸氧，呼出二氧化碳。樹木多的地方，早晨集聚二氧化碳較多。二是夜間風速較小，近地面數百米的空中出現逆溫層，大氣處於穩定狀態，污染物滯留在地表上方難以擴散。三是寒冷刺激可誘發血管痙攣。由於一夜沒有飲水，清晨血液很黏稠，增加了血管堵塞的危險。

7. 不要在馬路上跑步，不安全有危險，而且汽車尾氣污染嚴重。勿在便道打拳，空氣不潔。

8. 每天堅持走路。根據自己的體力，可快走、慢走、急走、緩走、散步走、倒走。經常走，天天走，也能走出健康。

9. 食。關於食養生，報刊書籍俯首可得，比比皆是。簡介幾種食品，供朋友們選用：魚、肉、雞蛋，每天必食之外，各種豆類、豆腐、豆製品、粗雜糧、紅薯、馬鈴薯、山藥、燕麥、燕麥製品以及各種新鮮蔬菜和季節時令水果（如櫻桃、鮮桃、奇異果、紅棗、葡萄）要多吃。營養專家說，每人每天應吃三十幾種食物。

但食用豆類食物忌搭配豬肉。豆類食物中植酸含量較高，其中的百分之六十～八十的磷是以植酸形式存在的，它常與蛋白質和礦物質元素形成複合物，從而影響二者的可利用性；另外，豆纖維素中的有機化合物與瘦肉、魚類等食物中的鈣、鐵、鋅等元素形成結合物，從而干擾或降低人體對這些元素的吸收和利用。

筆者早點食譜簡介：大米、小米、麥片、豆粥（紅豆、綠豆、雲豆、雜豆及黑豆變換）、芝麻、黑芝麻、蜂蜜、全麥麵包、玉米麵餅、花生米、肉腸、少許檸檬水，約十四種。

導引養生功

1 疏筋壯骨功+VCD

定價350元

2 導引保健功+VCD

定價350元

3 頤身九段錦+VCD

定價350元

4 九九還童功+VCD

定價350元

5 舒心平血功+VCD

定價350元

6 益氣養肺功+VCD

定價350元

7 養生太極扇+VCD

定價350元

8 養生太極棒+VCD

定價350元

9 導引養生形體詩韻+VCD

定價350元

10 四十九式經絡動功+VCD

定價350元

張廣德養生着作　每册定價 350 元

全系列為彩色圖解附教學光碟

輕鬆學武術

1 二十四式太極拳+VCD

定價250元

2 四十二式太極拳+VCD

定價250元

3 八式十六式太極拳+VCD

定價250元

4 三十二式太極劍+VCD

定價250元

5 四十二式太極劍+VCD

定價250元

6 二十八式木蘭拳+VCD

定價250元

7 三十八式木蘭扇+VCD

定價250元

8 四十八式太極劍+VCD

定價250元

彩色圖解太極武術

1 太極功夫扇

定價220元

2 武當太極劍

定價220元

3 楊式太極劍

定價220元

4 楊式太極刀

定價220元

5 二十四式太極拳+VCD

定價350元

6 三十二式太極劍+VCD

定價350元

7 四十二式太極劍+VCD

定價350元

8 四十二式太極拳+VCD

定價350元

9 楊式十八式太極劍 十六式太極拳

定價350元

10 楊氏二十八式太極拳+VCD

定價350元

11 楊式太極拳四十式+VCD

定價350元

12 陳式太極拳五十六式+VCD

定價350元

13 吳式太極拳五十六式+VCD

定價350元

14 精簡陳式太極拳八式十六式

定價220元

15 精簡吳式太極拳三十六式 拳架・推手

定價220元

16 夕陽美功夫扇

定價220元

17 綜合四十八式太極拳+VCD

定價350元

18 三十二式太極拳 四段

定價220元

19 楊式三十七式太極拳+VCD

定價350元

20 楊氏五十一式太極劍+VCD

定價350元

21 嫡傳楊家太極拳精練二十八式

定價220元

養生保健 古今養生保健法 强身健體增加身體免疫力

定價250元

2 中國氣功圖譜

定價250元

3 少林醫療氣功精粹

定價250元

4 龍形實用氣功

定價220元

5 魚戲增視強身氣功

定價220元

7 道家玄牝氣功
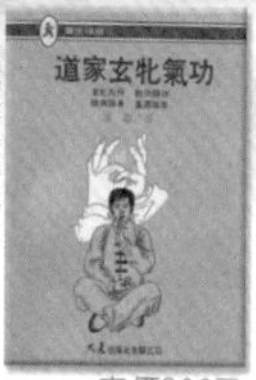

定價200元

定價160元

9 少林十大健身功

定價180元

10 中國自控氣功

定價250元

11 醫療防癌氣功

定價250元

12 醫療強身氣功

定價250元

13 醫療點穴氣功

定價250元

定價180元

15 正宗馬禮堂養氣功

定價420元

16 秘傳道家筋經內丹功

定價300元

17 三元開慧功

定價250元

18 防癌治癌新氣功

定價180元

19 禪定與佛家氣功修煉

定價200元

定價360元

21 簡明氣功辭典

定價360元

22 八卦三合功

定價230元

23 朱砂掌健身養生功

定價250元

24 抗老功

定價230元

25 意氣按穴排濁自療法

定價250元

定價200元

28 張氏太極混元功

定價250元

30 中國少林禪密功

定價200元

31 郭林新氣功

定價400元

32 八卦之源與健身養生

定價280元

33 現代原始氣功1

定價400元

定價300元

35 通靈功一養生祛病及入門功法

定價300元

37 太極內功養生法

定價180元

太極跤

1 太極防身術

定價300元

2 擒拿術

定價280元

3 中國式摔角

定價350元

簡化太極拳

1 陳式太極拳十三式

定價200元

2 楊式太極拳十三式

定價200元

3 吳式太極拳十三式

定價200元

4 武式太極拳十三式

定價200元

5 孫式太極拳十三式

定價200元

6 趙堡太極拳十三式

定價200元

原地太極拳

1 原地綜合太極二十四式

定價220元

2 原地活步太極四十二式

定價200元

3 原地簡化太極拳二十四式

定價200元

4 原地太極拳十二式

定價200元

5 原地青少年太極拳二十二式

定價220元

6 原地兒童太極拳十捶十六式

定價180元

國家圖書館出版品預行編目資料

太極內功養生法 / 祝大彤　編著
　　——初版，——臺北市，大展，2008〔民 97.04〕
　　面；21 公分 ——（養生保健；37）
　　ISBN　978-957-468-601-8（平裝）
1. 太極拳　2. 養生
528.972　　　　　　97002701

太極內功養生法

ISBN 978-957-468-601-8

編　　著／祝 大 彤
責任編輯／朱 曉 峰
發 行 人／蔡 森 明
出 版 者／大展出版社有限公司
社　　址／台北市北投區（石牌）致遠一路 2 段 12 巷 1 號
電　　話／（02）28236031・28236033・28233123
傳　　眞／（02）28272069
郵政劃撥／01669551
網　　址／www.dah-jaan.com.tw
E-mail／service@dah-jaan.com.tw
登 記 證／局版臺業字第 2171 號
承 印 者／傳興印刷有限公司
裝　　訂／建鑫裝訂有限公司
排 版 者／弘益電腦排版有限公司
授 權 者／北京人民體育出版社
初版 1 刷／2008 年（民 97 年）4 月

定　價／180 元

推理文學經典巨著，中文版正式授權

名偵探明智小五郎與怪盜的挑戰與鬥智

名偵探柯南、金田一都讚嘆不已

日本推理小說鼻祖—江戶川亂步

1894年10月21日出生於日本三重縣名張〈現在的名張市〉。本名平井太郎。
就讀於早稻田大學時就曾經閱讀許多英、美的推理小說。
畢業之後曾經任職於貿易公司，也曾經擔任舊書商、新聞記者等各種工作。
1923年4月，在『新青年』中發表「二錢銅幣」。
筆名江戶川亂步是根據推理小說的始祖艾德嘉・亞藍波而取的。
後來致力於創作許多推理小說。
1936年配合「少年俱樂部」的要求所寫的『怪盜二十面相』極受人歡迎，
陸續發表『少年偵探團』、『妖怪博士』共26集……等
適合少年、少女閱讀的作品。

1 ～ 3 集　定價300元　試閱特價189元